Heinz Zahrnt

Wie kann Gott das zulassen?

SERIE PIPER

Zu diesem Buch

Welchen Sinn hat es, daß Menschen leiden müssen? Aus christlicher Sicht gefragt: Was ist das für ein Gott, der Leiden zuläßt? Auf der Suche nach einer Antwort bedient sich Heinz Zahrnt der biblischen Figur des Hiob, der von so vielen Schicksalsschlägen heimgesucht wird, daß er am Leben verzweifelt und sich nur noch den Tod wünscht: »Warum bin ich nicht gestorben bei meiner Geburt? Dann läge ich da und wäre still, dann schliefe ich und hätte Ruhe.« Auf die Fragen des gequälten Hiob an Gott versucht Zahrnt eine Antwort zu geben, die nicht auf ein besseres Jenseits allein vertröstet. Er zeigt vielmehr, wie man mit dem Leid umgehen sollte – wie man es annehmen kann, wo es unabänderlich ist, und wann man dagegen ankämpfen muß, wenn dies möglich ist. Auf seinen zahlreichen Vortragsreisen hat Heinz Zahrnt mit den Lesern dieses Buch diskutiert; ihre Anregungen und Fragen hat er in diese erweiterte und umfassendere Ausgabe aufgenommen.

Heinz Zahrnt, geboren 1915 in Kiel, gilt als der große alte Mann der protestantischen Theologie. Er war fünfundzwanzig Jahre lang theologischer Chefredakteur des »Deutschen Allgemeinen Sonntagsblatts« und ist seit 1960 im Präsidium des Deutschen Evangelischen Kirchentages. Sein Werk liegt im Piper Verlag vor.

Heinz Zahrnt

Wie kann Gott das zulassen?

Hiob – der Mensch im Leid

Erweiterte Neuausgabe

Piper München Zürich

Von Heinz Zahrnt liegen in der Serie Piper außerdem vor:
Die Sache mit Gott (890)
Jesus aus Nazareth (1141)
Leben – als ob es Gott gibt (1947)
Mutmaßungen über Gott (2327)
Das Leben Gottes (2953)

Erweiterte Neuausgabe
Originalausgabe
1. Auflage August 1985
7. Auflage Dezember 2000

Umschlag: Büro Hamburg
Stefanie Oberbeck, Isabel Bünermann
Umschlagabbildung: Jackson Pollock (»Autumn Rhythm«,
1959, © VG Bild-Kunst, Bonn 2000)
Foto Umschlagrückseite: Ekko von Schwichow
Gesamtherstellung: Clausen & Bosse, Leck
Printed in Germany   ISBN 3-492-20453-8

Inhalt

Einleitung

Die Erfahrung von Leid und die Frage nach der Ursache und dem Sinn des Leids gehören zu den Grunderfahrungen und -fragen der Menschheit. Die Klage über das Leid der Menschen in Gestalt der Anklage gegen die leidlosen Götter, die auf goldenen Stühlen im Himmel thronen, oder als Anfrage an die Allmacht, Gerechtigkeit und Liebe des einen Gottes, der die Welt regiert, zieht sich wie ein ununterbrochener Psalm durch die Zeiten.

Im Fortschritt der Neuzeit aber wird dieser Chor immer mächtiger und zugleich immer feindseliger. Iwan Karamasoff möchte um der unschuldigen Leiden der Kinder willen Gott seine Eintrittskarte in die Welt ehrerbietig zurückgeben. – Wolfgang Borchert fragt: »Warst du in Stalingrad lieb, lieber Gott?« – Aus Sigmund Freud bricht es in einem Brief an den Schweizer Pfarrer Oskar Pfister leidenschaftlich heraus: »Wie zum Teufel bringen Sie alles, was wir in der Welt erleben und zu erwarten haben, mit ihrem Postulat einer sittlichen Weltordnung zusammen? Darauf bin ich neugierig.« – Und Anton Tschechow schließt eines seiner Dramen mit der Frage: »Werden wir eines Tages wissen, warum wir so viel gelitten haben?«

So bildet das Leid den »Fels des Atheismus« in der Neuzeit, wie Georg Büchner es in seinem Drama

»Dantons Tod« ausgedrückt hat. Selbst nachdenklichen Christen will es heute nicht mehr recht über die Lippen: »Wer nur den lieben Gott läßt walten ...«

Wahrscheinlich ist die Frage »Wie kann Gott das zulassen?« heute die meistgestellte Frage an den christlichen Gottesglauben – und Anlaß dazu besteht wahrlich mehr als genug. Aber ist dies wirklich ein Beweis für eine noch vorhandene lebendige Religiosität? Wird diese Frage nicht häufig nur aus rhetorischer Polemik gestellt? Zuerst einen Schlag Gott ins Gesicht – dann wird man weitersehen.

Wenn man das Leid der Welt auf Gott zurückführt – warum dann nicht auch das Wohl? Warum läßt man sich das Gute, das man empfangen hat, widerspruchslos gefallen, ohne dabei an Gott zu denken, begehrt gegen das widerfahrene Leid aber auf, als käme nur es allein von Gott? Und wie sähe eine leidfreie Welt überhaupt aus? Fragte man alle, die den »lieben Gott« in der Welt vermissen, was sie sich unter Gottes Liebsein vorstellten, so würden sich wahrscheinlich lauter verschiedene Wunschbilder ergeben – und es entstünden alsbald leidvolle Interessenkollisionen: Laßt uns miteinander glücklich sein – aber wehe dem, der ein anderes Glück haben will als wir!

Als Grund für die Ausweitung und Verschärfung des Leidensproblems wird meistens das überproportionale Wachstum der Leiden in der Welt genannt. Es habe gewiß, so argumentiert man, zu allen Zeiten ein großes Maß an Leiden gegeben, in unserer Zeit aber habe sich das Leid über die Maßen vermehrt. Und so spricht man, in Nachahmung der christlichen Zeitrechnung, statt von der Zeit »nach Christus« von der Zeit »nach Auschwitz«, in der das Leid der Menschheit überhand genommen habe – die Zeit mithin nicht mehr an dem von Gott geoffenbarten Heil, sondern an dem von Menschen angerichteten Unheil messend.

»Nach Auschwitz« heißt in der Tat der konkrete Ort aller gegenwärtigen Theodizee. Wenn aber Christen und Juden bisweilen meinen, sie könnten »nach Auschwitz« nicht mehr von Gott reden, geschweige denn ihn loben, so muß ich meinerseits als erstes bekennen: »Auschwitz« hat meine Generation meines Volkes angerichtet, und ich habe es geduldet, zwar unwissentlich, dennoch nicht ohne Schuld; denn auch Nichtwissen kann Versäumnis und Schuld sein.

Aber ob das Quantum an Leid in der Welt insgesamt heute größer ist oder ob es gleich groß geblieben ist – wer will das schon mit Bestimmtheit sagen? Ich halte diese Einschätzung unseres Leids für eine Selbstüberschätzung. Auf mich macht die Leidensgeschichte der Menschheit eher einen »stationären« Eindruck. Mir scheint, daß den Menschen zu jeder Zeit eine gleich große, allzeit allzu große Menge an Leiden und Schmerzen zugemessen worden ist. Vielleicht wäre der Mensch darum richtiger statt als »homo sapiens« als »homo patiens« zu definieren, als das leidende Wesen in der Welt. Aber vielleicht ist er gerade darum auch das »fragende Wesen«; denn der Mensch ist das einzige und darum das einzigartige Lebewesen, in dem der Lebensprozeß zum Bewußtsein seiner selbst gelangt. Durch bewußtes Leiden jedoch entsteht Reibung an der Wirklichkeit, und durch solche Reibung entzünden sich Fragen. Damit kommt auch der Grund in Sicht, warum sich in unserer Zeit das Leidensproblem so ausgeweitet und verschärft hat.

Nicht das Leid der Welt insgesamt hat zugenommen, wohl aber dringt täglich aus aller Welt mehr Leid an das Auge und Ohr des Menschen – und zur gleichen Zeit sind viele Zeitgenossen für das Leid und Unrecht in der Welt empfindlicher geworden.

Diese größere Sensibilisierung vieler Menschen angesichts des Leids und Unrechts in der Welt ist fraglos eine Frucht der Vertiefung des menschlichen Bewußtseins durch das Christentum. Aber eben dieses vertiefte menschliche Bewußtsein schlägt heute auf das Christentum selbst zurück – und das geht vornehmlich zu Lasten seines Gottesglaubens. Und so schreit das Leid der Menschen nicht nur gen Himmel, es schreit gegen den Himmel.

Dabei spielt auch die Umkehrung der allgemeinen Lebensrichtung vom Jenseits zum Diesseits im Zuge der neuzeitlichen Aufklärung mit hinein. Der Druck, den das Leid der Welt auf den Gottesglauben ausübt, wird noch verstärkt durch die gleichzeitige Abnahme der Hoffnung auf ein leidfreies Leben in einer jenseitigen besseren Welt. Solange die Erde als ein Prüfungsort für den Himmel galt und das Leben auf ihr entsprechend als ein Vorlauf des ewigen Lebens, wurde der Druck des Leidens durch die Aussicht auf einen zukünftigen Ausgleich gemildert. Der Strom der irdischen Leiden wurde durch den verheißenen Ausgleich ins Jenseits abgeleitet und dadurch zugleich im Diesseits reguliert. Seitdem aber die Aussicht in die Ewigkeit für die meisten Zeitgenossen versperrt ist, werden die Fluten der Leiden nicht mehr abgeleitet, sondern zurückgestaut, und so bildet sich auf der Erde ein »Meer von Leid«.

Die einfachste Antwort auf die Frage nach dem Ursprung und Sinn des Leids in der Welt gibt nach wie vor der *Atheismus*: Es ist kein Gott – »die einzige Entschuldigung für Gott ist, daß er nicht existiert« (Stendhal).

Es gibt einen heiligen Zorn gegen Gott um der Leidenden in der Welt willen. Das ist ein respektabler Atheismus aus humanem Grund. Er verneint Gott aus Liebe zu den Menschen. Aber der Atheismus macht es sich zu leicht. Er bietet keine Lösung des Leidensproblems, sondern tritt den Rückzug vor ihm an. Mit der Annahme, daß es keinen Gott gibt, sind die Fragen, die das Leid in der Welt aufgibt, noch nicht beantwortet; denn durch die atheistische Antwort wird das Sinnverlangen des Menschen nicht gestillt. Gerade die Liebe kann sich mit der bloßen Abweisung der Sinnfrage nicht abfinden, weil sie sich mit der Sinnlosigkeit des menschlichen Leids in der Welt nicht abfinden kann. Das Leid der Welt bleibt bestehen und damit auch die bohrende Frage nach seiner Sinnlosigkeit. Die Liebe ist mit dem Leid in der Welt nie fertig.

Kein anderer hat das Ungenügen des Atheismus angesichts der endlosen Leiden in der Weltgeschichte so ehrlich ausgesprochen wie ausgerechnet der »Atheist« Ernst Bloch. Nachdem er eine drängende Warum-

oder Wiesofrage an die andere gereiht hat, schließt er mit der Feststellung: »Das sind Angelegenheiten, die gerade auch beim Atheismus übrigbleiben, sofern er nicht ein geschichtsloser und irrealer, ja irrsinniger Optimismus ist.«

Aber wenn Gott als das schuldige Subjekt der Weltgeschichte ausfällt, dann rückt statt seiner der Mensch unter die Anklage, ein Verursacher von Leiden, der Täter von Untaten zu sein – und dies um so mehr, als im Zuge des neuzeitlichen Emanzipationsprozesses der Mensch selbst mehr und mehr zum Erlöser der Menschheit wird. An die Stelle der bisherigen »Theodizee«, das heißt, der Rechtfertigung Gottes, tritt damit die Nötigung zu einer »Anthropodizee«, das heißt, zu einer Rechtfertigung des Menschen. Vor wem aber kann sich ein Mensch, der mit keiner göttlichen Instanz mehr rechnet, anders rechtfertigen als vor seinesgleichen? Und so beginnt reihum und weltrund eine allgemeine Selbstrechtfertigung. Jeder sucht sich ein Alibi zu verschaffen, indem er die Schuld von sich auf andere schiebt, auf »die Männer« oder auf »die Frauen«, auf »die Alten« oder auf »die Jugend«, auf »die Russen« oder auf »die Amerikaner«, auf »die Kommunisten« oder auf »die Kapitalisten«. Schuld am Leid der Welt hat auf jeden Fall immer der andere.

Hand in Hand mit der atheistischen Antwort geht die Forderung, das Leidensproblem *praktisch-gesellschaftlich* anzugehen: Sinn hin, Sinn her – es kommt darauf an, so viel Leid wie irgend möglich aus der Welt zu schaffen! Darum gilt es, statt allgemein-abstrakt vom »Leid der Welt« zu sprechen, die Leiden der Menschen im Plural konkret beim Namen zu nennen, nach den Ursachen ihres Entstehens und den Bedingungen ihres Fortbestehens zu forschen und jene gesellschaftlichen Zustände aufzuhellen und aufzuheben, durch die Leiden erzeugt werden, um auf diese Weise das größtmögliche Glück der größtmöglichen Zahl herzustellen.

In der Tat müssen die Leiden in der Welt bekämpft und durch Aufhebung der Zustände, die sie verursachen, so weit wie möglich aus der Welt geschafft werden! Das aber führt sofort zu der Frage nach dem Subjekt der Veränderung: Wer bekämpft die Leiden und hebt die verursachenden Zustände auf? Und wie müssen diejenigen beschaffen sein, die solches tun?

Die pragmatisch-gesellschaftskritische Lösung des Leidensproblems kann freilich vor jedem Zerreißen des Zusammenhangs zwischen Sinnfrage und Handeln warnen. Gar zu lange haben die Christen zusammen mit den Idealisten nur abstrakt über den Sinn des Leids in der Welt nachgedacht, statt die in der Welt konkret vorhandenen Leiden rational zu untersuchen und politisch zu bekämpfen. Die Folgen waren weithin Leidensunterwerfung, Ergebung ins Unabwendbare, Sehnsucht nach dem Himmel und politische Passivität. Der in Jesu Gleichnis vom barmherzigen Samariter ergehende Appell zur Leidensbekämpfung wurde von der Christenheit zwar vernommen, blieb aber zumeist auf die private Hilfe beschränkt. Man kurierte an den Symptomen, versuchte jedoch nicht, die Ursachen in den Verhältnissen aufzuspüren und aufzuheben.

»Religion«, gleich welcher Herkunft und Art, darf nicht darin bestehen, den Menschen eine heile Welt vorzugaukeln. Sie muß vielmehr gerade den Riß aufdecken, der durch alles Sein geht, und nur auf diesem Hintergrund vorhandenen Unheils darf sie von Heilung und Heil sprechen. Anders betrügt sie die Menschen. Dann verhilft sie ihnen nicht zum wahren Sein, sondern verschafft ihnen nur ein glückliches Bewußtsein.

Man darf das Leid der Welt weder theologisch moderieren, noch kann man es politisch entsorgen. Eine glaubwürdige Antwort auf die Herausforderung durch das Leid muß immer beides umfassen: Sie muß sowohl der Frage nach dem Sinn so vielen Leids in der Welt standhalten als auch so viel Leid wie möglich aus der Welt zu schaffen trachten.

Das Theodizeeproblem wird sich niemals endgültig lösen lassen. Man kann es immer nur umkreisen wie einen sehr hohen Berg, den man von allen Seiten immer neu angehen muß, ohne je auf den Gipfel zu gelangen. Gerade so aber übt die Frage nach dem Sinn des Leids in der Welt die Funktion eines Stachels aus, der tiefer ins Nachdenken, Glauben und Handeln treibt.

I. Der allmächtige Gott – warum läßt er das zu?

»Die Erde ist des Herrn und was darin ist«, heißt es im Psalter (24,1). Was aber ist »darin«: Heute Arbeitslosigkeit und Armut, Hungerkatastrophen und Rassenkämpfe, sterbende Wälder und kranke Flüsse, Folter, Mord und Kriegsgeschrei, dazu schon immer Erdbeben, Überschwemmungen, Unfälle, Seuchen, Vertreibung, Einsamkeit, Verzweiflung und Tod.

Aber auch dies andere ist »darin«: Nicht nur Krieg, sondern auch Versöhnung; nicht nur Hunger, auch Saat und Ernte; nicht nur Katastrophen, auch Sonnenaufgänge; nicht nur Folter und Mord, auch staatliche Rechtsordnung; nicht nur Krankheit und Tod, auch Genesung und Sterbehilfe; nicht nur Einsamkeit und Verzweiflung, auch Freude, Fest und Feier unter Freunden.

Heinrich Heine hat gedichtet:

»Der heil'ge Gott, er ist im Licht
Wie in den Finsternissen;
Und Gott ist alles, was da ist;
Er ist in unsern Küssen.«

Was aber ist das für eine Macht, die ein solches »Spiel« auf Erden anhebt, die sorgsam knüpft und rücksichtslos zerreißt, die weise baut und jäh zerstört, die sinnvoll lenkt und unbesonnen dreinfährt, die immer neues Leben aus sich selbst gebiert, um es selber wieder zu verschlingen? Und wenn »Gott« diese Macht ist, wie übt er sie dann aus? Wirkt er alles mit eigener Hand – Autor, Dramaturg und Regisseur in einer Person; Legislative und Exekutive zugleich –, oder stößt er es eben nur mit dem kleinen Finger an? Verlockt er die Menschen zu ihrem Tun, oder läßt er nur zu, was sie selber wollen? Und wenn er auch alles nur zuläßt, warum läßt er auch das *Leid* zu? Kann oder will er das Leid nicht verhindern? Kann er es nicht, dann ist er nicht allmächtig. Will er es nicht, dann ist er nicht gütig. Kann und will er es nicht, dann ist er machtlos und lieblos zugleich.

Dies ist der zwielichtige Horizont des menschlichen Daseins – ihn nennt der Glaube »Gott«. Für den Glauben an Gott ballen sich alle Fragen, die das Leid der Menschen in der Welt aufgibt, in der einen zusammen: Leiden – wie kann Gott das zulassen? Um diese Frage kreist, wie kein anderes Buch der Bibel, die alttestamentliche Hiobdichtung. Darum soll sie als Leitfaden dienen. Ich vertraue auch hier auf die schon häufig gemachte Erfahrung, daß die Bibel gerade dann überraschend hilfreiche und aktuelle Antworten gibt, wenn man sie nicht zu bestimmten Antworten zwingt, sondern sie ungezwungen reden läßt. Und man muß warten und das Leben aushalten, bis Gott ausgeredet hat.

Das Buch Hiob – entstanden im 5. bis 3. Jahrhundert vor Christus in Palästina – ist eine großartige religiöse

Dichtung. Zu Recht hat man sie mit Dantes »Divina Commedia« und mit Goethes »Faust« verglichen. Es geht in ihr nicht nur um das Leid als religiöses Einzelproblem, vielmehr – ausgelöst zwar durch die Tatsache eines furchtbaren persönlichen Leides – um die Frage nach dem Wesen der Religion überhaupt: welchen Sinn und Wert, ja Nutzen sie für den Menschen hat. Man kann sagen: Das Buch Hiob enthält lauter *Streitreden über die Religion, angesichts des Laufs, insonderheit des Leids der Welt.* Dabei kommt es dem Verfasser in erster Linie jedoch nicht auf das theoretische Problem an, wie es sich mit Gott im Leid verhält, sondern auf das existentielle, *wie der Mensch sich im Leiden verhalten soll*, wie er das ihm widerfahrene Leid verstehen und bestehen kann.

Dieses Problem wird am Schicksal Hiobs biographisch durchgespielt: »Es war ein Mann im Lande Uz, der hieß Hiob.« (1,1) Aber es handelt sich nicht um einen Einzelfall; vielmehr zeigt der einzelne Fall an, was allgemein zwischen Gott und Mensch der Fall ist. So wird Hiob zum *Urbild des leidenden Menschen in der Welt*, wo und wann immer ein Mensch leidet.

Echt alttestamentlich beginnt die Erzählung von Hiobs Geschick mit der Schilderung seines Glücks. Weil Hiob ein frommer, gottesfürchtiger Mann ist, der das Böse meidet, darum geht es ihm gut. Reichlich hat Gott seinen Segen über ihn und sein Haus ausgeschüttet. Er hat sieben Söhne – für einen Orientalen der sichtbarste Beweis für Gottes Segen – und nur drei Töchter – auch dies für ihn ein Glück –, dazu riesige

Viehherden und zahlreiches Gesinde. Hiob ist ein »vermögender« Mann, reich und darum auch mächtig, der angesehenste in der ganzen Gegend, ein wahrer Patriarch. Seine Söhne können es sich leisten, täglich reihum in ihren Häusern festliche Gelage zu halten; und falls sie sich dabei, etwa im Rausch, gegen Gott versündigt haben sollten, der gottesfürchtige Vater bringt dies durch regelmäßige Opfer wieder in Ordnung. Also nicht nur eine reiche, auch eine heile Familie. Hiob ist wirklich ein frommer und deshalb von Gott gesegneter Mann. Sein Glaube und sein Glück sind gleichermaßen sprichwörtlich.

Aber eben diese selbstverständliche Verbindung von Gottesglauben und Lebensglück ist es, die dem Dichter des Hiobbuches fragwürdig geworden ist – und damit ist für ihn die überlieferte Frömmigkeit insgesamt in eine grundlegende Krise geraten. Eben diese Glaubenskrise stellt er am Schicksal Hiobs dar. Während Hiob auf Erden unangefochten seines Glaubens lebt und sich seines Glückes freut, wird in der himmlischen Ratsversammlung über ihn verhandelt und anderes beschlossen.

»Es begab sich aber eines Tages, da die Gottessöhne kamen und vor den Herrn traten, kam auch der Satan unter ihnen. Der Herr aber sprach zu dem Satan: ›Wo kommst du her?‹ Der Satan antwortete dem Herrn und sprach: ›Ich habe die Erde hin und her durchschweift.‹ Der Herr sprach zum Satan: ›Hast du achtgegeben auf meinen Knecht Hiob? Denn es ist seinesgleichen nicht auf Erden, fromm und rechtschaffen, gottesfürchtig und meidet das Böse.‹ Der Satan antwortete dem Herrn und sprach: ›Meinst du, daß Hiob Gott umsonst dient? Hast du doch ihn, sein Haus und alles, was er hat, ringsumher beschützt. Du hast das Werk seiner Hände gesegnet; und sein Besitz hat sich ausgebreitet im Lande. Aber strecke deine Hand aus und taste alles an, was er hat; was gilt's, er wird dir ins Angesicht absagen!‹ Der Herr sprach zum Satan: ›Siehe, alles, was er hat, sei in deiner Hand; nur an ihn selbst lege deine Hand nicht.‹ Da ging der Satan hinaus von dem Herrn.« (1,6–12)

Gott und Satan wetten bei einer Audienz im Himmel miteinander um Hiob. Den Anstoß zur Wette gibt der Verdacht des Satans, daß Hiob Gott nicht umsonst diene. Damit wird Hiob verdächtigt, daß seine Beziehung zu Gott für ihn nur eine günstige Geschäftsverbindung bilde, bei der es nach dem Grundsatz des »Do, ut des« zugeht: Wie du mir, so ich dir. Religion also nur ein gutes Geschäft, aus frommer Berechnung: zum Nutzen und Vorteil des Menschen, als sicherer Weg des Frommen zum Glück, als die letzte Besiegelung einer heilen Welt!

Das aber geht gegen Gottes Ehre. Denn damit wird das Verhältnis zwischen Gott und Mensch in sein Gegenteil verkehrt: Gott ist dann nicht mehr der Herr des Menschen, sondern sein Diener, ein gefälliger Lieferant. Nur eine Glaubensprobe kann hier Klarheit schaffen! Und so wetten Gott und Satan miteinander um Hiob: ob sein Glaube, der jetzt sprichwörtlich auf Erden ist, auch dann durchhalten wird, wenn es ihm nicht mehr gutgeht, weil Gott ihn nicht mehr schützt, wenn schweres Leid über ihn kommt, weil Gott seine Hand von ihm abgezogen hat.

Mit dieser Wette geht Gott ein Risiko ein. Indem er auf Hiob setzt, setzt er sich selbst aufs Spiel. Verliert er die Wette, gerät er in Mißkredit: Wenn Hiob versagt, hat Gott versagt. Hiob aber wird durch die Wette zwischen Gott und Satan, ohne daß er die geringste Ahnung davon hat, zu einem metaphysischen Versuchsobjekt.

Von Gott dem Satan zur Sonderbehandlung überlassen, trifft Hiob Schlag auf Schlag, ereilt ihn eine »Hiobspost« nach der anderen. Seine Herden werden geraubt, sein Hab und Gut wird durch Feuer vernichtet, seine Knechte werden erschlagen, seine Söhne und Töchter kommen um. So verliert Hiob an einem einzigen Tage alles, was ihn bis dahin reich und glücklich gemacht hat, den ganzen Inhalt seines Lebens. Und wie reagiert er darauf? Er vollzieht die uralten Trauerbräuche: Er steht auf, zerreißt sein Gewand, schert sein Haupt, dann fällt er auf die Erde, verneigt sich tief und spricht:

»Nackt bin ich von meiner Mutter Leib gekommen,
nackt kehre ich dorthin zurück.
Der Herr hat's gegeben, der Herr hat's genommen;
der Name des Herrn sei gelobt!« (1,21)

Aus diesen Worten spricht kein müder Verzicht, sondern weise Einsicht. Es ist die Erkenntnis, daß aller Besitz dem Menschen von Gott nur zum Lehen gegeben ist und dieser sein Gut deshalb jederzeit zurückfordern kann. Dieser Augenblick ist für Hiob jetzt gekommen, und so legt er all sein Hab und Gut ergeben in Gottes Hand zurück. Er macht Gott keinen Vorwurf, sondern gibt ihm Recht: »Der Name des Herrn sei gelobt!«

Damit hat Hiob die Glaubensprobe bestanden und Gott dank Hiobs Standfestigkeit die Wette gewonnen. Gott hat zu Recht auf seinen Knecht Hiob vertraut, und der auf ihn. Der Satan aber hat sich mit seinem falschen Verdacht gegen Hiob ins Unrecht gesetzt und so die Wette mit Gott verloren. Trotzdem gibt er nicht auf, sondern setzt sofort zum nächsten Angriff an.

Wieder verdächtigt der Satan in der himmlischen Ratsversammlung Hiobs Frömmigkeit der frommen Berechnung, und wieder läßt Gott sich auf eine Wette mit ihm ein und überläßt ihm Hiob zu einer weiteren Sonderbehandlung. So folgt die zweite Glaubensprobe.

Diesmal trifft das Unheil Hiob unmittelbar. Der Satan schlägt ihn mit schwerem Aussatz; von Kopf bis Fuß bedecken ekelerregende eiternde Geschwüre seinen Leib. Am Ende sitzt Hiob, von allem, was er je besaß, entblößt, in der Asche, nur noch mit einer aufgelesenen Scherbe in der Hand, mit der er sich den Eiter von seiner juckenden Haut schabt.

Angesichts dieses jammervollen Anblicks rät Hiobs Frau, von Hoffnungslosigkeit und mitleidvoller Sorge zugleich ergriffen, ihrem Mann, Gott zu verfluchen, um auf diese Weise seinen Tod heraufzubeschwören und dadurch von aller Qual befreit zu werden. Damit gewinnt der Satan unversehens eine Bundesgenossin. Denn offenbar ist auch Hiobs Frau der Meinung, daß Religion dem Menschen Nutzen bringen müsse. Im Falle ihres Mannes hat sie sich jedoch als nutzlos erwiesen – sonst säße er jetzt nicht auf dem Schutthaufen in der Asche. Darum empfiehlt sie Hiob den Abfall von Gott. Doch dieser bleibt standhaft. Er rügt seine Frau: »Du redest, wie die törichten Weiber reden. Haben wir Gutes empfangen von Gott und sollten das Böse nicht auch annehmen?« (2,10)

Damit hat Hiob auch die zweite Glaubensprobe, samt der Versuchung durch seine Frau, bestanden. Daß Gott in jedem Fall recht hat, steht für ihn nach wie vor außer Zweifel.

Da eilen auf die Kunde von Hiobs großem Unglück drei Freunde herbei. Sie haben sich verabredet, Hiob ihre Teilnahme zu bezeugen, mit ihm zu klagen und ihn zu trösten. Aber der Anblick, den Hiobs Leid ihnen bereitet, macht sie sprachlos – »und saßen mit ihm auf der Erde sieben Tage und sieben Nächte und redeten nichts mit ihm; denn sie sahen, daß der Schmerz sehr groß war.« (2,13)

Das ist eine bewegende Szene, wie die drei Freunde im Anblick des leidenden Hiob nicht sofort losreden, sondern zunächst eine ganze Woche lang, Tag und Nacht, nur bei ihm sitzen und schweigen. Sie sagen nichts, weil Hiobs Leid »unsäglich« ist.

Statt dessen bricht es jetzt aus Hiob heraus: Warum dieses plötzliche Leid? Gewiß, auch Hiob weiß, daß selbst Gerechte und Fromme in der Welt leiden müssen – aber warum unter den Frommen und Gerechten jetzt gerade *er*? Und so beginnt Hiob vor Gott zu klagen. Läßt sich ein wahrerer Ausdruck seines Lebens, ja allen menschlichen Lebens überhaupt denken, als daß Hiob klagt? »Wes des Herz voll ist, des geht der Mund über« – das gilt auch für die Klage des Menschen. Darum gibt es kaum ein törichteres Sprichwort als »Lerne leiden, ohne zu klagen«.

In der Tat sollte man Hiob um seines Klagens willen ebenso unter die Kirchenväter oder die Heiligen rechnen wie die Bekenner, Beter, Denker und Täter des Glaubens – und dies nicht, obwohl seine Klage zur Anklage und Empörung gegen Gott wird, sondern gerade weil sie zugleich Empörung und Anklage gegen Gott ist. Denn wer sich gegen Gott empört, nimmt ihn in jedem Falle ernst, ernster vielleicht als mancher, der von vornherein aus der Macht der frommen Gewohnheit allem zustimmt. Leidenschaftliche Atheisten können kräftigere Gotteszeugen sein als stumme Fromme.

Hiob verwünscht den Tag seiner Geburt:

»Ausgelöscht sei der Tag, an dem ich geboren bin,
 und die Nacht, da man sprach:
 Ein Knabe kam zur Welt!
Jener Tag soll finster sein,
 und Gott droben frage nicht nach ihm!
 Kein Glanz soll über ihm scheinen!...
Warum bin ich nicht gestorben bei meiner Geburt?
 Warum bin ich nicht umgekommen,
 als ich aus dem Mutterleibe kam?
Warum hat man mich auf den Schoß genommen?

Warum bin ich an den Brüsten gesäugt?
Dann läge ich da und wäre still,
dann schliefe ich und hätte Ruhe ...«
(3,3–4. 11–13)

Hiob will nicht mehr leben; er möchte, daß das Datum seines Geburtstags ein für allemal aus dem Kalender gestrichen werde. Wäre er nicht geboren und aufgezogen worden – er brauchte jetzt nicht zu leben und also nicht so furchtbar zu leiden. Darum will er jetzt wenigstens sterben! Er sehnt sich nach dem ewigen Schlaf im Grabe, nach dem Dunkel der Unterwelt, wo endlich alle Mühsal, Plage und Angst aufhörten und er seine Ruhe fände.

Dann aber wird Hiobs Klage umfassender und damit zugleich grundsätzlicher. Seine Frage nach dem Warum des eigenen Lebens weitet sich aus auf die Existenz aller Menschen: Wozu schenkt Gott den Menschen überhaupt erst das Leben, wenn er sie hinterher doch nur leiden läßt?

»Warum gibt Gott das Licht dem Mühseligen
und das Leben den betrübten Herzen
– die auf den Tod warten, und er kommt nicht,
und nach ihm suchen mehr als nach Schätzen,
die sich sehr freuten und fröhlich wären,
wenn sie ein Grab bekämen.«
(3,20–22)

Hiobs Lebensüberdruß, ja seine Absage an das Leben stehen im krassen Gegensatz zur üblichen Wertschätzung des Lebens im Alten Testament: »Leben« wird sonst als etwas höchst Gutes, ja als das höchste Gut schlechthin empfunden. Es ist, als faßte dieses Wort alles in sich, was über Himmel und Erde, über Gott und den Menschen überhaupt an Gutem gesagt werden kann. Hiob jedoch schlägt dieses Gut Gottes aus. Aber auch jetzt noch, in seiner Klage über das Leben, selbst noch in seinem Wunsch zu sterben, bleibt er mit Gott verbunden. Darum denkt er auch mit keinem Gedanken an Selbstmord, um sich mit eigener Hand die ersehnte Ruhe zu verschaffen. Er wünscht sich den Tod als eine Art Gnadenstoß von Gottes Hand. Und vorerst *klagt* er auch nur vor Gott, er klagt ihn noch nicht an. Noch kommt kein lästerndes Wort über seine Lippen. Aber weit ist es bis dahin nicht mehr.

Da legen die drei Freunde Hiobs los, später kommt noch ein vierter hinzu – »vier Glaubensspießer«, wie der Philosoph Ernst Bloch, »fromme Biedermänner«, wie der Theologe Georg Fohrer sie nennt. Alle vier meinen es gut mit Hiob, sie möchten ihn trösten, aber sie können es nur im Rahmen ihrer Theologie, das heißt, des bis dato gültigen Gottesbildes tun. Eben dies jedoch reicht nicht mehr aus, um die vor Augen liegende Wirklichkeit überzeugend zu bewältigen und so dem Menschen sein Leid bestehen zu helfen – »überliefertes Schmalz, das sich vom Neuen gestört fühlt«, wie wiederum Ernst Bloch sarkastisch anmerkt.

Überdies lassen die Freunde sich nicht wirklich auf Hiobs leidvolle Situation ein, sondern reden nur in kühler Lehrhaftigkeit auf ihn ein – wie Zuschauer am

Rande des Spielfelds. Es ist ihnen mehr um die Richtigkeit ihrer Lehre, um die Stimmigkeit ihrer Dogmatik zu tun als um Trost und Hilfe für Hiob. Am Ende drehen sie sich nur noch hoffnungslos im Kreis: Ewig wandeln im Kreise die Rechtgläubigen. Hiob spürt dies, und so fühlt er sich von den Reden seiner Freunde von Anfang an nicht angesprochen und am Ende angewidert. Die Folge ist, daß der Redestreit zwischen ihm und den Freunden immer heftiger, immer aufgeregter, immer gereizter wird, bis er schließlich zum Bruch führt und Hiob nur noch mit Gott allein spricht.

Übereinstimmend vertreten Hiobs Freunde die traditionell-religiöse Antwort auf die Frage nach dem richtigen Verhalten des Menschen im Leid, und diese ist beherrscht vom herkömmlichen zweiseitigen Vergeltungsdogma: »Gott vergilt dem Menschen, wie er verdient hat, und trifft einen jeden nach seinem Tun.« (34,11) Das heißt: Gott bestraft die Bösen und belohnt die Guten – basta! Dieses Vergeltungsschema finden Hiobs Freunde ringsumher in der Geschichte bestätigt, und so wird ihnen die Weltgeschichte zum Weltgericht. Sie werden nicht müde, ihre angebliche Welt- und Lebenserfahrung Hiob vor Augen zu halten:

»Weißt du nicht, daß es allzeit so gegangen ist,
seitdem Menschen auf Erden gewesen sind,
daß das Frohlocken der Gottlosen nicht lange währt
und die Freude des Ruchlosen nur einen Augenblick?
Wenn auch sein Scheitel bis an den Himmel reicht
und sein Haupt an die Wolken rührt,

So wird er doch immer vergehen wie sein Kot,
  und die ihn gesehen haben, sagen: Wo ist er?
Wie ein Traum wird er verfliegen
  und nicht mehr zu finden sein
  und wie ein Nachtgesicht verschwinden.
Das Auge, das ihn gesehen hat, wird ihn nicht mehr sehen,
  und seine Stätte wird ihn nicht mehr schauen ...
Das ist der Lohn eines gottlosen Menschen bei Gott
  und das Erbe, das Gott ihm zugesprochen hat.«

(20,4–9.29)

Leid bedeutet demnach stets göttliche Strafe für begangene Schuld: Wo immer ein Mensch leidet, kann man daraus schließen, daß er sich in Schuld verstrickt hat und dafür nun von Gott bestraft wird.

Gemildert wird das rigorose zweiseitige Vergeltungsdogma durch den Gedanken der Erziehung: Gott schickt dem Menschen das Leid zur Warnung. Bessert er sich daraufhin, so wird Gott ihm helfen und sein Leid alsbald wenden. Beharrt er dagegen unbußfertig in seiner Schuld, so verschärft Gott die Prüfung und stellt ihn erneut vor das Entweder-Oder: Bekehrung oder Vernichtung – und dies so lange, bis der Betreffende entweder endlich zur Einsicht gelangt oder aber endgültig zugrunde geht:

»Den Gottlosen erhält er nicht am Leben,
  sondern hilft dem Elenden zum Recht.
Er wendet seine Augen nicht von dem Gerechten,

sondern mit Königen auf dem Thron läßt er sie sitzen, daß sie groß werden.
Und wenn sie gefangen liegen in Ketten
und elend und gebunden mit Stricken,
so hält er ihnen vor, was sie getan haben,
und ihre Sünden, daß sie sich überhoben haben,
und öffnet ihnen das Ohr zur Warnung
und sagt ihnen, daß sie sich von dem Unrecht bekehren sollen.
Gehorchen sie und dienen ihm,
so werden sie bei guten Tagen alt werden und leben.
Gehorchen sie nicht,
so werden sie dahinfahren durch des Todes Geschoß und vergehen in Unverstand.
Die Ruchlosen verhärten sich im Zorn.
Sie flehen nicht, auch wenn er sie gefangen hält...
Aber den Elenden wird er durch sein Elend erretten
und ihm das Ohr öffnen durch Trübsal.«

(36,6–15)

Die Voraussetzung für das Vergeltungsdogma bildet in jedem Fall der unendliche Abstand zwischen Gott und Mensch: Gott ist Gott – und Mensch ist Mensch:

»Wie kann ein Mensch gerecht sein vor Gott
oder ein Mann rein sein vor dem, der ihn gemacht hat?«

(4,17)

Dabei haftet der Blick nicht allein an der Sündhaftigkeit des Menschen, sondern ebenso an seiner Kreatürlichkeit. Der Mensch, aus Lehm geschaffen, ist ein schwaches, vergängliches, unvollkommenes Wesen – das Leid gehört daher zu seiner Natur, nicht erst vom »Sündenfall«, schon von der Schöpfung her. Erkennt er diesen Sachverhalt an, beugt er sich in Demut darunter und erträgt geduldig sein Leid, so besteht für ihn Aussicht auf Rettung: Wo die Not am größten, ist Gottes Hilfe am nächsten!

Dies alles und noch mehr sagen die Freunde Hiob ins Gesicht, während der in der Asche sitzt und nicht weiß, woher und wohin. Auf seine Situation angewandt, besagt das Vergeltungsdogma, und seine Freunde sagen es ihm auch erbarmungslos ins Gesicht: Das große Unglück, das ihn so sichtbar getroffen hat, zeigt unwiderleglich an, daß er vor Gott schuldig ist. Darum raten sie ihm, in sich zu gehen, seine Schuld zu bekennen und Buße zu tun – alsbald werde sich sein Unheil wenden:

»So vertrage dich nun mit Gott und mache Frieden;
daraus wird dir viel Gutes kommen.« (22,21)

Bekehrung zu Gott lohnt sich in jedem Falle –
wie im Himmel so auf Erden:

»Wenn du dich beizeiten zu Gott wendest
und zu dem Allmächtigen flehst,
und wenn du rein und fromm bist,
so wird er deinetwegen aufwachen

und wird wieder aufrichten deine Wohnung,
wie es dir zusteht.
Und was du zuerst wenig gehabt hast,
wird hernach sehr zunehmen ...
Siehe, Gott verwirft die Frommen nicht
und steht den Übeltätern nicht bei,
bis er deinen Mund voll Lachens mache
und deine Lippen voll Jauchzens.
Die dich aber hassen, müssen sich in Schmach kleiden,
und die Hütte der Gottlosen wird nicht bestehen.«

(8,5–7. 20–22)

»Und du wirst erfahren, daß deine Hütte Frieden hat,
und wirst deine Stätte überschauen und nichts vermissen,
und du wirst erfahren, daß deine Kinder sich mehren
und deine Nachkommenschaft wie das Gras auf Erden sind,
und du wirst im Alter zu Grabe kommen,
wie Garben eingebracht werden zur rechten Zeit.
Siehe, das haben wir erforscht, so ist es;
darauf höre und merke du dir's.«

(5,24–27)

Es ist ein eudämonistischer, ein glückverheißender Glaube, der sich in den frommen Reden der Freunde Hiobs ausspricht. Sie vertreten eine Religion des glücklichen Bewußtseins. Ihre Parole lautet: Umkehren und glücklich werden, denn Bekehrung bringt Segen! Auf diese Weise wird Gott zum Hüter des privaten Lebensglücks degradiert.

Mit ihrer theologischen Argumentation bestätigen Hiobs fromme Freunde genau den Verdacht, den der Satan am Beispiel Hiobs so verteufelt gern beweisen möchte: daß der Mensch nicht »unentgeltlich«, sondern nur um eigenen Nutzens willen an Gott glaubt, daß alle Religion mithin zuletzt egoistischen Motiven, dem Verlangen nach Glück, entspringt – selbst Askese kann noch Lust bereiten. Solche Religion des glücklichen Bewußtseins entspricht genau dem, was Karl Marx »Opium des Volks« genannt hat.

Religionsgeschichtlich betrachtet, trägt der Gottesglaube der Freunde Hiobs das Grundmuster einer naiv-archaischen Religiosität. Ihren Untergrund bildet die Verknüpfung von Strafangst und Schutzbedürfnis auf seiten des Menschen und entsprechend von Anklage und Trost von seiten Gottes. Aus der nachträglichen theologischen Reflexion dieser naiv-archaischen Religiosität ergibt sich die Figur eines moralischen Gottes, der die Guten schützt und die Bösen straft. Dabei verbindet sich das moralische Gesetz der Vergeltung mit dem Gedanken der göttlichen Vorsehung: Indem Gott Strafe androht und Schutz gewährt – Strafe den Gottlosen und Frevlern, Schutz den Gerechten und Frommen –, hält er mittels Sanktionen und Gratifikationen die Welt in Ordnung und lenkt so den Lauf der Geschichte.

Hiobs Freunde berufen sich darauf, daß Gott größer sei als ein Mensch – in Wirklichkeit aber ist der von ihnen geglaubte und verteidigte Gott von menschlichem, allzu menschlichem Zuschnitt. Eben hier hat

Sigmund Freud mit seiner Kritik an der Religion im allgemeinen und am Christentum im besonderen angesetzt.

Für Freud ist Gott, indem er anklagt und straft beziehungsweise tröstet und schützt, nur ein »erhöhter« irdischer Vater, die »Vatersehnsucht« des Menschen mithin die Wurzel allen religiösen Bedürfnisses: Wie ein Kind seinen Vater einerseits als ein hartes, despotisches Über-Ich fürchtet und andererseits sich in den Schutz eben dieses selben starken Über-Ichs birgt, geradeso verhält sich der Gläubige seinem Gott gegenüber.

Daher bleibt, wer Religion hat und an Gott glaubt, sein Leben lang in Abhängigkeit von der zugleich bedrohenden und beschützenden Vaterfigur seiner Kindheit. »Aber der Mann kann nicht ewig Kind bleiben«, trumpft Freud auf, »er muß endlich hinaus ins ›feindliche Leben‹.« Freud nennt dies »die Erziehung zur Realität«, und er verspricht sich davon das Erwachsenwerden der Menschheit.

Schaut man sich Freuds Religionskritik an, so erkennt man schon auf den ersten flüchtigen Blick: Der erhöhte irdische Vater, der schützt und züchtigt, belohnt und bestraft, Leiden verhängt und Leiden aufhebt und den die Menschen deshalb, wie den Vater ihrer Kindheit, zugleich bewundern und fürchten, zu dem sie Vertrauen und vor dem sie Angst haben – das ist genau der Gott der Freunde Hiobs. Es ist der moralische Gott, der den Menschen, selbst wenn er sie straft, ein glückliches Bewußtsein verschafft. Ihn trifft Freuds psychologische Religionskritik zu Recht. Sie entläßt uns mit der Frage, ob ein solcher Gott ein glaubwürdiger, ein sowohl göttlicher als auch menschlicher Gott sei.

Ich habe gegen die distanzierte theologische Argumentation der Freunde Hiobs, gegen ihre Antwort auf die Frage nach der Ursache und dem Sinn des Leids in der Welt – angesichts des leidenden Hiob und damit aller leidenden Menschen in der Welt – eine ganze Reihe von Einwänden auf dem Herzen:

Erster Einwand: Schuld und Leiden stehen in der Welt in keinem angemessenen Verhältnis zueinander. So viel menschliche Schuld, wie Leid in der Welt geschieht, gibt es gar nicht, und wählte man auch den Maßstab 1 : 1000. Wie viel wird in der Welt gelitten, ohne daß unmittelbar Schuldige dafür zu benennen sind! Gewiß, »der Mensch kann Gott auf tausend nicht eins antworten« – aber das möchte ich doch gern wissen und deshalb fragen dürfen: Wie es sich zum Beispiel mit den Kindern verhält, die bei den ständigen Vormärschen und Rückzügen in unserem Jahrhundert verhungert, erfroren, erschlagen oder erschossen an den Straßenrändern zurückgeblieben sind, oder den Kinderschuhen, aber auch mit den Überbleibseln der Erwachsenen, die in den Konzentrationslagern gestapelt wurden, oder den Süchtigen und den Kriminellen, die in ihrem Leben niemals eine echte Chance gehabt haben, weil ihnen die erste Chance jedes Menschenkindes, die Vertrauen stiftende Elternliebe, in der frühesten Kindheit versagt geblieben ist – dies und noch manches andere möchte ich doch gern wissen.

Vielleicht kann und soll man nicht gegeneinander abwägen, was größer ist und schwerer wiegt: das Leid oder die Schuld der Menschen – auf jeden Fall hat es für mich allzeit an den Menschen insgesamt mehr zu bewundern als zu verachten gegeben und hat ihr Leid mich stets mehr bewegt als ihre Schuld.

Zweiter Einwand: Das Ausmaß der Leiden in der Welt steht einer möglichen pädagogischen Absicht stracks entgegen. Körperlicher Schmerz, sozialer Druck und seelisches Dunkel können so groß und mächtig werden, daß ein Mensch nicht mehr denken und sprechen, ja nicht einmal mehr klagen und weinen kann, so daß für ihn mithin gar keine Möglichkeit besteht, einen Sinn in seinem Leiden zu erkennen, sich also »umzubesinnen«.

Ich erinnere mich an die Erzählung eines meiner akademischen Lehrer vom Besuch des Pfarrers bei seiner krebskranken Mutter. Als der Pfarrer gegangen war, fragte der Sohn seine Mutter, wie es denn gewesen sei, was der Pfarrer gesagt habe. »›Gnädige Frau‹, hat er gesagt«, erzählte die Mutter, »›es gibt drei Stufen des Leidens: leiden müssen – leiden können – leiden dürfen‹«. Und die alte Dame fügte hinzu: »Ich habe dabei immer gedacht, der sollte einmal meine Schmerzen haben.«

Dritter Einwand: Welch unmenschliches Menschenbild steht dahinter, wenn man den Menschen zu einem göttlichen Prüfungsobjekt erniedrigt – im Grunde nicht anders, als wenn man in den Konzentrationslagern Häftlinge medizinischen Experimenten unterwarf, auch hier mit der Aussicht: Wer überlebt, darf vorerst leben bleiben! Auf diese Weise wird der Mensch nicht leidensfähig, sondern gerade leidensunfähig gemacht.

Vierter Einwand: Welch ungöttliches Gottesbild steht dahinter, wenn ein Gott seine göttliche Allmacht durch menschliche Ohnmacht beweisen zu müssen meint, wenn er sich auf Kosten Wehrloser verherrlicht und erst dann wirklich groß ist, wenn der Mensch sich klein fühlt. Daß Gott einen Menschen – wie in hoffentlich vergangenen Zeiten Eltern ihre Kinder oder Lehrer ihre Schüler – durch jeweils ausgesuchte und abgestufte Arten von Leiden straft oder auf die Probe stellt, um ihn nach bestandenem Glaubensexamen gleichsam in die nächsthöhere Klasse zu versetzen, ist für mich eine unannehmbare, ganz und gar unvorstellbare Gottesvorstellung. Ein Gott, der die Menschen durch jeweils abgestufte und entsprechend ausgesuchte Leiden prüft, kommt mir vor wie ein Turnierveranstalter, der einen Parcours aufgebaut hat und nun vom Schiedsrichterturm aus zuschaut, wie die Reiter ihn nehmen: ob sie die Hindernisse schaffen oder über sie stürzen, oder wie ein Jäger, der Fallen gestellt und Schlingen gelegt hat und nun im Dunkel des Walddickichts hockt und beobachtet, wie die Tiere sich darin fangen.

Gott hat gewiß viele Namen, aber er kann niemals der »Versucher« heißen – der Versucher ist immer der andere, der Menschenfeind. Darum wäre ich auch froh, wenn jene Neutestamentler recht hätten, die behaupten, daß die sechste Bitte des Vaterunser – aufgrund des aramäischen Urtextes – in der deutschen Übersetzung lauten müßte: »– und bewahre uns vor der Versuchung.«

Fünfter Einwand: Die moralische Deutung des menschlichen Leids als göttliche Strafe oder Prüfung hat eine entsprechende Auffassung und Ausübung von Autorität zur Folge und damit Konsequenzen auch für die politisch-gesellschaftliche Ordnung. Das göttliche Vergeltungsschema, wie es die Freunde gegenüber Hiob in ihren Reden verfechten, kehrt fast wörtlich wieder in der Argumentation, mit der der Apostel Paulus in Römer 13 die weltliche Obrigkeit theologisch begründet: »Jedermann sei untertan der Obrigkeit, die Gewalt über ihn hat. Denn es ist keine Obrigkeit ohne von Gott... Wer sich nun der Obrigkeit widersetzt, der widerstrebt Gottes Ordnung; die aber widerstreben, werden über sich ein Urteil empfangen... Willst du dich nicht fürchten vor der Obrigkeit, so tue Gutes; so wirst du Lob von ihr empfangen... Tust du aber Böses, so fürchte dich; denn sie trägt das Schwert nicht umsonst.« Behaupten Hiobs Freunde nicht fast wörtlich dasselbe von Gott? Das ist ein fataler Parallelismus: Der praxis maiestatis im Himmel entspricht die praxis maiestatis auf Erden.

Auf diese Weise wird der Mensch bewußt unten gehalten – er wird zum »Untergebenen«. Er ist zugleich Gottes und der Obrigkeit Knecht und Untertan, nicht ihr Sohn oder Partner. Entsprechend gilt als die religiöse und moralische Haupttugend der Gehorsam.

Und so heißt es denn blind gehorchen und aufs Wort parieren! Die Rahmenrichtlinie dieses göttlichen Schulsystems lautet: »Wen der Herr liebhat, den züchtigt er«, was dann nicht nur von dem himmlischen Herrn angenommen wurde, sondern auch von den diversen irdischen Oberherren – als da sind Feldwebel, Schulmeister, Pfarrherren, Grundherren und Landesherren – in Anspruch genommen und gründlich besorgt wurde.

In den Kinderstuben und auf den Kasernenhöfen, in den Gottesdiensten und in den Gefängnissen herrschte dieselbe pädagogische Maxime: Das Selbst des Menschen – des Kindes und des Rekruten, des Gläubigen und des Gefangenen – muß zuerst einmal gebrochen werden. Die Folgen waren Menschenopfer ohne Zahl – und die Kirchen gaben ihren Segen dazu, vorausgesetzt, daß solche himmlische oder irdische Züchtigung nicht im Selbstmord geendet hatte. Dann endete man nicht in der Kirche, sondern ohne Geläut' und Geleit an der Kirchhofsmauer.

So bleibt die Frage nach dem Leid der Welt als eine Anfrage an Gott bestehen: Leiden – wie kann Gott das zulassen? Die von den Freunden Hiobs angebotene Lösung hat die Fragestellung sogar eher noch verschärft als beantwortet.

Suche ich meine fünf Einwände zusammenzufassen, so kann ich es nicht besser als mit Sören Kierkegaard tun. Dieser hat Beschwerde darüber geführt, daß man von Hiob immer nur seine »schönen Worte«, seine fromme Ergebung ins Leid, zitiere, seine heftigen Klagen dagegen, seine Empörung wider das Leid, unterschlage – als ob Hiob in seinem Leid unentwegt wiederholt hätte: »Der Herr hat's gegeben, der Herr hat's genommen; der Name des Herrn sei gelobt!« und nicht auch die Stunde seiner Geburt verflucht, sein Leben verwünscht und Gott angeklagt:

»O Hiob! Hast du wirklich nur die schönen Worte ausgesprochen: ›Der Herr hat's gegeben, der Herr hat's genommen; der Name des Herrn sei gelobt!‹? Hast du die ganze Zeit deines Elends nur mit der Wiederholung dieser Worte zugebracht?... Kannst du und wagst du nicht mehr zu sagen als die amtlichen Tröster, die ihre Worte am Unglücklichen messen, als diese handwerksmäßigen Tröster, die steif wie Zeremonienmeister dem Unglücklichen vorschreiben, daß es sich in der Stunde des Elends zu sagen schickt: ›Der Herr hat's gegeben, der Herr hat's genommen; der Name des Herrn sei gelobt!‹, nicht mehr und nicht weniger, als wenn man zu einem Niesenden ›Gesundheit‹ sagen würde! Nein... Du warst ein treuer Zeuge des ganzen herzzerreißenden Elends, das in uns stecken kann, und du hast es gewagt, als Wortführer in der Bitterkeit deines Herzens Klage zu erheben und mit Gott zu streiten. Warum verbirgt man uns das?... Wagt man es denn nicht mehr, vor Gott zu klagen? Hat die Furcht Gottes so zugenommen, oder ist die feige Furcht größer geworden?... Niemand wagt, diese Auseinandersetzung weiterzutreiben. Sprich also du, für immer unvergeßlicher Hiob!«

II. Der verborgene Gott – warum schweigt er?

Die Poeten sagen es oft besser als die Theologen. Darum stelle ich eine Szene aus Isaac Singers Roman »Schoscha« voran. Der jiddische Schriftsteller schildert in diesem Roman die Situation der Juden in Warschau gegen Ende der dreißiger Jahre, unmittelbar vor dem Überfall der Deutschen: wie sie, von ihren polnischen Mitbürgern bereits bedrängt, fast schon verfolgt, weit mehr aber noch in der Furcht vor der drohenden endgültigen Vernichtung durch die Nationalsozialisten, ein jeder in seiner Art, ihr Leben zu bestehen suchen. Die Katastrophe selbst wird dann nicht mehr erzählt, lediglich in einem Epilog, wie sich die wenigen Überlebenden nach ihrer Leidenszeit in Israel wiedertreffen. Der Epilog schließt mit der folgenden Szene:

»Chaiml fing an, zu mir zu sprechen, zu sich und zu niemand im besonderen: ›... Wenn Gott Weisheit ist, wie kann es dann Dummheit geben? Und wenn Gott Leben ist, wie kann es dann Tod geben? Nachts liege ich da, ein kleiner Mann, eine halbzerquetschte Fliege, und ich spreche mit den Toten, mit den Lebenden, mit Gott – wenn es ihn gibt – und mit Satan, den es bestimmt gibt. Ich frage sie: Warum mußte all das geschehen? – und ich warte auf eine Antwort. Was glauben Sie, Tsutsik, gibt es irgendwo eine Antwort oder nicht?‹

›Nein, es gibt keine Antwort.‹

›Warum nicht?‹

›Es kann keine Antwort auf das Leid geben – nicht für den Leidenden.‹

›Wenn es so ist, worauf warten wir dann?‹

Genia öffnete die Tür. ›Warum sitzt ihr beiden denn im Dunkeln?‹

Chaiml lachte: ›Wir warten auf eine Antwort.‹«

Genau das ist auch Hiobs Situation. Er sitzt im Dunkeln und wartet auf eine Antwort. Von Gott verlassen, vom Satan mit Aussatz geschlagen, all seiner Habe entblößt, seiner Familie beraubt, von seinen Freunden angeklagt und verleumdet, selber nur noch Haut und Knochen, sitzt er auf einem Müllhaufen in der Asche und fragt: Warum – und warum gerade ich? Dabei vergißt Hiob keinen Augenblick, daß das furchtbare Unglück, das ihn getroffen hat, von Gott geschickt ist – das unterscheidet ihn von der Skepsis Chaimls in Isaac Singers Roman. Aber gerade Hiobs Gottesgewißheit steigert noch seine innere Qual: Er versteht Gottes Handeln nicht. Zwar kennt er den Urheber seiner maßlosen Leiden, aber er kann nicht ihre Ursache erkennen. Also hat er Grund zur Klage. Er läßt sich das Recht zum Klagen von seinen frommen Freunden nicht nehmen. Die Maßlosigkeit seiner Klage entspricht nur der Unermeßlichkeit seiner Leiden. So schwer kann er gar nicht gesündigt haben, wie er jetzt leiden muß. Da kann einer schon einmal aus der Haut fahren und unbedacht reden.

Für Hiobs Freunde hingegen ist die Angelegenheit

theologisch völlig durchsichtig. Sie sind orthodox. Sie halten sich an das herkömmliche Vergeltungsdogma, und dies besagt: Gott bestraft die Bösen und belohnt die Guten – also geht es den Guten in der Welt gut, während die Bösen schließlich ein böses Ende nehmen. Da es Hiob so offensichtlich schlecht ergeht, bleibt nur der Schluß, daß er Schuld auf sich geladen hat. Und so warnen seine Freunde ihn, statt ihn in seinem Leid zu trösten, und mahnen ihn zur Umkehr, mit der Aussicht, daß es ihm dann alsbald auch wieder gutgehen werde.

Hiob aber nimmt seinen Freunden die »Moral von der Geschicht'«, die sie ihm auftischen, nicht ab. Für ihn geht die Patience der Passion, die sie ihm legen, nicht auf, weder in seinem Einzelfall noch im Lauf der Welt insgesamt.

Zuerst rechnet er mit seinen Freunden schonungslos ab: Befangen in ihrer Orthodoxie, sind sie in seinen Augen »lästige Tröster«, schlechte Ärzte und unbrauchbare Anwälte, sowohl Gottes als auch der Menschen. Dann wendet Hiob sich Gott selbst zu und steigert sich in seinen Reden von der Klage über den Vorwurf bis zur Anklage und Empörung gegen Gott.

Hiob kann, wenn er um sich blickt, nichts davon sehen, daß die Frevler und Gottlosen umkommen und es den Frommen und Gerechten gutgeht – eher ist das Gegenteil der Fall. Das ist eine bekannte Klage auch der Beter im Psalter. Hiob aber klagt nicht über diesen Weltzustand, sondern stellt ihn nüchtern fest: So ist es. Die Behauptung seiner Freunde, daß die Frevler am Ende umkämen, ist einfach falsch; sie läßt sich an der Wirklichkeit nicht erhärten. Ja, indem Hiob das Glück der Gottlosen breit ausmalt, kommt fast etwas Unheimliches in seine Schilderung hinein:

»Warum bleiben die Gottlosen am Leben,
werden alt und nehmen zu an Kraft?
Ihr Geschlecht ist sicher um sie her,
und ihre Nachkommen sind bei ihnen.
Ihr Haus hat Frieden ohne Furcht,
und Gottes Rute ist nicht über ihnen.
Ihr Stier bespringt, und es mißrät nicht;
ihre Kuh kalbt und wirft nicht fehl.
Ihre kleinen Kinder lassen sie hinaus wie eine Herde, und ihre Knaben springen umher.
Sie jauchzen mit Pauken und Harfen
und sind fröhlich mit Flöten.
Sie werden alt bei guten Tagen,
und in Ruhe fahren sie hinab zu den Toten,
und doch sagen sie zu Gott: ›Weiche von uns,
wir wollen von deinen Wegen nichts wissen!
Wer ist der Allmächtige, daß wir ihm dienen sollten? Oder was nützt es uns, wenn wir ihn anrufen?‹«

(21,7–15)

Nirgendwo in der Weltgeschichte kann Hiob eine gerechte göttliche Weltordnung erkennen. Bei Gott geht Macht vor Recht – darum kommt keiner gegen ihn an. So sieht Hiob überall nur den irrationalen Willen eines allwirksamen Gottes walten. Und dieser Wille verrät eine fatale Nähe zur Willkür. Gott wirkt – ohne Rücksicht auf Gerechtigkeit – in allem Geschehen, im Guten wie im Bösen, in Glück und Unglück, in Freud und Leid, so gleich gültig, daß er schon gleichgültig wirkt:

»Gott achtet nicht darauf!« (24,12)
»Er macht's, wie er will.« (23,13)
»Er bringt den Frommen um wie den Gottlosen.«
(9,22)

Harscher und herber kann man es kaum ausdrücken. Solche Allwirksamkeit Gottes läßt keinen moralischen Ausgleich erkennen, weder im Gang der Weltgeschichte insgesamt noch im Lauf des einzelnen Menschenlebens, höchstens einen sozialen Ausgleich am Ende:

»Der eine stirbt frisch und gesund
in allem Reichtum und voller Genüge,
sein Melkfaß ist voll Milch,
und sein Gebein wird gemästet mit Mark;
der andere aber stirbt mit verbitterter Seele
und hat nie vom Glück gekostet –
und doch liegen beide miteinander in der Erde,
und Gewürm deckt sie zu.«
(21,23–26)

Mit dieser Behauptung der ethischen Gleichgültigkeit Gottes ist die herkömmliche Vergeltungslehre durchgestrichen, und die Religion hat sich als nutz- und zwecklos erwiesen. Wie immer ein Mensch sich verhält, ob fromm und gottesfürchtig oder gottlos und frevelhaft, die Religion bringt ihm weder Vorteile noch Nachteile.

Darum greift das von den Freunden leidenschaftlich verfochtene Vergeltungsdogma bei Hiob auch nicht. Wendet er es auf seine eigene Situation an, so muß er feststellen: Gott hat sich ihm gegenüber, völlig unbegründet, als ein brutaler Feind erwiesen, denn Hiob ist sich keiner Schuld bewußt, für die er Strafe verdient hätte. Und so geht er jetzt zum Gegenangriff auf Gott über.

Er bestreitet strikt, daß er sein Unglück »verdient« habe, und hört nicht auf, seine Unschuld zu beteuern, gegenüber den aufdringlichen Unterstellungen seiner Freunde ebenso wie gegenüber dem undurchdringlichen Schweigen Gottes: »Das sei ferne von mir, daß ich euch recht gebe.« (27,5)

Zur Beglaubigung seiner Unschuld schwört Hiob vor seinen Freunden im Angesicht Gottes einen Reinigungseid:

> »Ich bin unschuldig.« (9,21)
> »Ich bin mir keiner Schuld bewußt.« (9,35)
> »Gott möge mich wiegen auf rechter Waage,
> so wird er erkennen meine Unschuld!« (31,6)

Zum Beweis seiner Unschuld schleudert Hiob Gott Frage um Frage an den Kopf:

»Bin ich in der Lüge gewandelt,
oder ist mein Fuß geeilt zum Betrug? . . .
Ist mein Gang gewichen vom Wege
und blieb etwas hängen an meinen Händen? . . .
Hat sich mein Herz durch eine Frau betören
lassen? . . .
Hab ich mißachtet das Recht meines Knechtes
oder meiner Magd, wenn sie eine Sache wider mich
hatten? . . .
Hab ich den Armen ihr Begehren versagt
und die Augen der Witwen verschmachten lassen?
Hab ich meinen Bissen allein gegessen,
und hat nicht die Waise auch davon genossen? . . .
Hab ich zugesehen, wie jemand ohne Kleid
verkommen ist, und den Armen ohne Decke gehen
lassen? . . .
Hab ich meine Hand gegen eine Waise erhoben? . . .
Hab ich das Gold zu meiner Zuversicht gemacht? . . .
Hab ich mich gefreut, daß ich großes Gut besaß und
meine Hand so viel erworben hatte? . . .
Hab ich mich gefreut, wenn's meinem Feinde übel
ging, und mich erhoben, weil ihn Unglück
getroffen hatte?«

(aus Kapitel 31)

Darum wiederholt Hiob beharrlich, vor Gott und seinen Freunden:

»Das sei ferne von mir, daß ich euch recht gebe;
bis mein Ende kommt, will ich nicht weichen von
meiner Unschuld.

An meiner Unschuld halte ich fest und lasse sie nicht;
mein Gewissen beißt mich nicht wegen eines
meiner Tage.«

(27,5f.)

Und wenn Hiob sich auch irgendwie vergangen haben sollte – warum vergibt Gott ihm dann nicht, warum verfolgt er ihn so rachsüchtig mit unermeßlichen Leiden? Hiob wirft Gott Feindschaft, Kleinlichkeit und Verfolgungssucht vor. Es ist Gottes unwürdig, den Menschen in ihrem ohnehin kurzen Leben ständig nachzuspionieren.

Indem Hiob so eigensinnig, ja rechthaberisch auf seiner Unschuld beharrt, kämpft er um die Reinheit der Motivation seines Glaubens. Gäbe er dem Drängen der Freunde nach und bekennte er sich vor Gott schuldig, um sein Leid auf diese Weise zu wenden, so würde er gerade damit eingestehen, daß er Gott nicht »umsonst«, nicht »unentgeltlich« diene, sondern um eigenen Vorteils willen, um unter seinem Schutz wieder glücklich zu leben. Und dann hätte der Satan mit seinem Verdacht gegen ihn recht und Gott die Wette verloren.

Aber von dem, was im Himmel über ihn beschlossen ist, weiß Hiob nichts – und eben das ist für ihn der schärfste Stachel in seinem Leid: Gott schweigt! Nicht das ist für Hiob das Ärgste, daß er so entsetzlich leiden muß – obwohl er natürlich auch gern aus der Asche heraus möchte. Wichtiger aber als die Wiederherstellung seines einstigen Glücks ist ihm die Auskunft über die Ursache seines Unglücks. Hiob hat den Mut zur Wahrheit. Es geht ihm zuerst nicht um ein glückliches Bewußtsein, sondern um das wahre Sein. Pointiert kann man formulieren: »Religion« bedeutet für Hiob Aufklärung über sich selbst und die Welt durch den Glauben an Gott – was auch immer dabei herauskomme!

Darum wünscht Hiob sich von Gott nur eines: Er soll endlich sein Schweigen brechen und mit ihm offen reden: »Der Allmächtige gebe mir Antwort!« (31,35)

Aber das ist nicht die Bitte um eine fromme Zwiesprache, sondern die Herausforderung zu einem Wettstreit.

Mit dem Mut der Verzweiflung – koste es, was es wolle! – drängt Hiob auf ein Gottesurteilsverfahren, jedoch nicht in der damals üblichen Form, daß der Mensch sich dem unkontrollierbaren Urteilsspruch der Gottheit unterwerfen muß und darum nur eine passive Rolle dabei spielt – Hiob will vielmehr ein Rechtsverfahren wie zwischen zwei gleichberechtigten Parteien, trotz der von ihm grundsätzlich anerkannten Überlegenheit Gottes mit Gott auf der gleichen Basis:

»Siehe, ich bin zum Rechtsstreit gerüstet;
ich weiß, daß ich recht behalten werde ...
Rufe, so will ich dir antworten,
oder ich will reden, dann antworte du mir!«
(13,18ff.)

Das ist Hiobs Art, an Gott festzuhalten. Hiob will nicht von Gott weg, aber er möchte wissen, was mit ihm los ist und wie er selbst mit ihm dran ist. Wenn er schon ein Spielball Gottes sein soll, dann will er wenigstens erfahren, was mit ihm gespielt wird und welche Spielregeln hier gelten – die alten, bis dato gültigen und von den Freunden behaupteten Spielregeln jedenfalls augenscheinlich nicht mehr!

Indem Hiob für den Lauf der Weltgeschichte insgesamt das rationale Gesetz einer gerechten Vergeltung leugnet und für sich selbst auf seiner Unschuld besteht, streitet er gegen den moralischen Gott und kündet sein Ende an – und das bedeutet zugleich das Ende eines nützlichen Gottes und einer egoistischen Frömmigkeit. Zornig entrüstet sich Elihu, der zu den drei Freunden später hinzugekommene vierte Opponent, über Hiob: »Er hat gesagt: Dem Menschen nützt es nichts, wenn er Gott gefällig lebt.« (34,9) Krasser läßt sich, was ich »Religion des glücklichen Bewußtseins« genannt habe, kaum ausdrücken. Damit erweist sich die Religion der Freunde Hiobs mit ihrer religiös-moralischen Weltdeutung als ein frommes Wunschdenken.

Für Hiob hingegen bringt die Religion dem Menschen nichts ein, weder Vorteil noch Nachteil: Unglück ist nicht immer eine Quittung für Schuld, und Gerechtigkeit gibt noch keine Garantie auf Glück. Das Buch Hiob ist nicht zuletzt darum eine so großartige religiöse Urkunde, weil Hiob in ihm so großartig ist. Hiobs Größe besteht darin, daß er im Glauben nicht klein beigibt, sondern den Versuchungen seines Gottes fest im Glauben widersteht und auf diese Weise einem größeren Gott und also einer tieferen Gotteserkenntnis den Weg bereitet. Hiob hat die Religion seiner frommen Freunde überholt.

Darum wird sein Gottesglaube auch nicht wie der der Freunde von Sigmund Freuds Religionskritik getroffen. Denn Hiob macht sich keine Illusionen über den göttlichen Lauf der Welt; für ihn bedeutet die Religion weder die Garantie einer sittlichen Weltordnung noch die Erfüllung unerfüllbarer menschlicher Wünsche. Er hat die »Erziehung zur Realität«, die Freud der Menschheit empfiehlt, schmerzhaft hinter sich gebracht. Er ist erwachsen geworden und religiös mündig.

Ich frage mich manchmal, wie Hiob wohl reagiert hätte, wenn er etwas von der skandalösen Wette zwischen Gott und dem Satan im Himmel gewußt hätte. Ob er Gott dann wohl verflucht und ihm den Glauben aufgekündigt hätte? Ich glaube es nicht; ich bin vielmehr überzeugt, daß Hiob selbst dann noch an Gott festgehalten hätte, durch seinen Glauben Gott an seine Gottheit erinnernd. Damit beweist er, entgegen der Verdächtigung durch den Satan, daß es ihm in der Religion nicht um den persönlichen Vorteil, um die Garantie irdischen Glücks oder die Besiegelung einer heilen Welt, auch nicht um moralischen Halt, um die Aufrechterhaltung von »law and order« oder umgekehrt um die Veränderung der gesellschaftlichen Verhältnisse, kurzum um ein glückliches Bewußtsein geht, sondern allein um das wahre Sein, und das heißt für ihn: um die Erfahrung Gottes in der Welt.

Gott zu erfahren, wie er wirklich ist – darauf kommt

es Hiob an. Darum drängt er auf eine endgültige Entscheidung über sein Schicksal: Entweder soll Gott von ihm ablassen, wenigstens für einen Augenblick sein Gesicht von ihm abwenden und ihn schließlich, gleichsam als letzten Gnadenerweis, durch einen baldigen raschen Tod von seinen unerträglichen Qualen erlösen – oder aber er soll endlich eingreifen, sein Leid wenden und sein ehemaliges Glück wiederherstellen.

So oder so, auf jeden Fall wünscht Hiob in einer persönlichen Begegnung Gottes Willen über sich zu erfahren. Es ist etwas Prometheisches, Titanisches in Hiobs Verlangen. Mag er auch in allen Einzelheiten recht haben, in seiner Rechthaberei insgesamt hat er unrecht. So kann selbst Hiob nicht mit Gott umgehen. Darum ist sein Verhalten im Leid ebenso unhaltbar wie das seiner Freunde.

Damit sind die menschlichen Antworten auf die Frage nach der Ursache und dem Sinn des Leidens Hiobs und damit zugleich der Leiden aller Menschen in der Welt erschöpft. Deshalb läßt der Dichter am Ende seines Buches Gott selbst zu Worte kommen.

Der moralische Gott ist an Hiobs Glauben gescheitert. Aber das ist noch nicht die ganze Botschaft des Hiobbuches. Endlich erfüllt Gott Hiob seinen immer wieder geäußerten Wunsch und erteilt ihm eine Antwort. Diese Antwort gibt weder den Freunden noch Hiob recht.

Gott redet zu Hiob zweimal »aus dem Wettersturm« – entsprechend fallen seine Reden aus (38,1–42,3). Gleich am Anfang erteilt er Hiob einen Verweis:

»Wer ist's, der den Ratschluß verdunkelt
mit Worten ohne Verstand?
Gürte deine Lenden wie ein Mann!
Ich will dich fragen, lehre mich!« (38,2f.)

Sodann noch einmal zum Beginn der zweiten Gottesrede:

»Wer mit dem Allmächtigen rechtet, kann der ihm
etwas vorschreiben?
Wer Gott zurechtweist, der antworte!« (40,2)

In einer grandiosen Theophanie tritt Gott als der allmächtige Weltschöpfer auf und veranstaltet eine Art kosmischer Werkführung. An der Großartigkeit seines göttlichen Schöpfungswerks demonstriert er Hiob, wie klein und nichtig dieser ist, daß es deshalb keinen irgendwie gearteten Vergleich zwischen Gott und dem Menschen und damit auch keinerlei gemeinsame Basis für ein Rechtsverfahren, wenigstens nicht für ein gegenseitiges Rede- und Antwortstehen gibt:

»Wo warst du, als ich die Erde gründete,
Sage mir's, wenn du so klug bist!« (38,4)

Das ist das Leitmotiv, das sich durch die Offenbarungsreden Gottes hindurchzieht und das in immer neuer Form auf Hiob herabsaust:

»Weißt du, wer der Erde das Maß gesetzt hat
oder wer über sie die Richtschnur gezogen hat?...

Worauf sind ihre Pfeiler gesenkt,
  oder wer hat ihren Eckstein gelegt,
als mich die Morgensterne miteinander lobten
  und jauchzten alle Gottessöhne?
Wer hat das Meer mit Toren verschlossen,
  als es herausbrach wie aus dem Mutterschoß...
als ich ihm eine Grenze bestimmte und sprach: ...
›Bis hierher sollst du kommen und nicht weiter;
  hier sollen sich legen deine stolzen Wellen!‹?...
Hast du zu deiner Zeit dem Morgen geboten
  und der Morgenröte ihren Ort gezeigt?...
Bist du zu den Quellen des Meeres gekommen
  und auf dem Grund der Tiefe gewandelt?
Haben sich dir des Todes Tore je aufgetan,
  oder hast du gesehen die Tore der Finsternis?...
Bist du gewesen, wo der Schnee herkommt,
  oder hast du gesehen, wo der Hagel herkommt?...
Kannst du die Bande des Siebengestirns
  zusammenbinden oder den Gürtel des Orion
  auflösen?
Kannst du die Sterne des Tierkreises aufgehen lassen
  zur rechten Zeit
  oder die Bärin samt ihren Jungen heraufführen?...
Kannst du der Löwin ihren Raub zu jagen geben
  und die jungen Löwen sättigen?«

(aus Kapitel 38)

Und so geht es fort mit Rabe, Gemse, Wildesel, Stier, Strauß, Roß, Falke und Adler. Schließlich führt Gott, als ob dies alles noch nicht imposant genug wäre, Hiob noch zwei besondere Prachtexemplare seiner Schöpfung vor, den Behemoth und den Leviathan, zwei »Urviecher«, das eine eine Art Riesennilpferd, das andere eine Art Riesenkrokodil.

Alles in allem und kurzum: Bist du wie Gott, Hiob? Dann beweise es! Übernimm du das Weltregiment, über das du dich beschwerst!

Jedesmal, wenn ich diese Gottesreden im Hiobbuch lese, bin ich von ihnen zuerst aufs neue überrascht, ja enttäuscht. Einhundertzwanzig Verse lang verkündet Gott seine Größe als Weltschöpfer, und das Menschenkind Hiob muß dasitzen und sich das anhören, seine Geschwüre mit der Scherbe schabend. Hat Gott es nötig, dem in der Asche Hockenden, von allem längst Entblößten noch seine Übermacht zu beweisen? Soll diese Imponiergebärde etwa eine Antwort auf Hiobs Frage nach der Ursache und dem Sinn seines Unglücks sein? Redet Gott damit nicht, gleich einem schlechten Seelsorger, völlig an Hiob vorbei?

Aber ebenso bin ich jedesmal neu von Hiobs positiver Reaktion auf die Offenbarungsreden Gottes überrascht. Hiob erhält keinerlei Aufschluß über die Ursache seines Geschicks, und die Frage nach dem Sinn des Laufs und Leids der Welt wird nicht einmal gestreift. Dennoch zeigt Hiob sich von Gottes Antwort beeindruckt. Er bekennt, daß er Gott bisher verkannt habe und ihn jetzt erst richtig kenne. Fortan will er seinen Mund halten und nicht mehr mit Gott rechten:

»Hiob aber antwortete dem Herrn und sprach:
›Siehe, ich bin zu gering, was soll ich antworten?

Ich will meine Hand auf meinen Mund legen.
Einmal habe ich geredet und will nicht mehr antworten, ein zweites Mal geredet und will's nicht mehr tun.‹«

(40,3–5)

Und abermals nach der zweiten Gottesrede:

»Ich erkenne, daß du alles vermagst,
und nichts, was du dir vorgenommen hast, ist dir zu schwer...
Darum habe ich unweise geredet,
was mir zu hoch ist und ich nicht verstehe...
Ich hatte dich nur vom Hörensagen vernommen;
aber nun hat mein Auge dich gesehen.
Darum spreche ich mich schuldig
und tue Buße in Staub und Asche.«

(42,1–6)

Hiob rechtet nicht mehr mit Gott, sondern gibt Gott recht. Wer mit Gott rechtet, blickt auf sich selbst; wer Gott recht gibt, wendet seinen Blick von sich weg auf Gott. Was hat bei Hiob diese Umbesinnung bewirkt?

Hiob erweckt nicht den Eindruck eines Mannes, der sich einfach nur überfahren fühlt, sondern eines Menschen, der durch die Begegnung mit Gott ehrlich erschüttert ist. Bisher hatte er Gott nur vom »Hörensagen«, das heißt, durch die Tradition gekannt; jetzt aber ist er durch die Tradition hindurchgestoßen und hat Gottes wahres Wesen gründlicher erfaßt. Man kann Hiobs Reaktion am besten als »Einsicht« und infolge dieser Einsicht als »Ergebung« und »Zustimmung« beschreiben. Was also ist es, das Hiob Einsicht gelehrt und seine Auflehnung und Empörung in Zustimmung und Ergebung verwandelt hat?

Wichtig ist für Hiob zunächst, *daß* Gott überhaupt etwas sagt, daß er endlich aus seinem Schweigen heraustritt und zu ihm, Hiob, redet. Der Herr spricht – das ist das Wesentliche. Die Erscheinung Gottes bedeutet für Hiob, daß Gott in seinem Leben wieder »vorkommt«.

Aber sodann ist auch wichtig, *was* Gott zu Hiob sagt. Mögen uns die Gottesreden auch anmuten, wie wenn Einstein Schwachsinnigen mit seiner Relativitätstheorie zu imponieren trachtete – damals war dies die Art, wie »das Ganze«, das »Universum«, das »Absolute«, das »Unendliche«, kurzum der »Sinn der Welt«, vor Augen und zur Sprache gebracht wurde, und zwar als das für den Menschen schlechthin Unverfügbare und dennoch unbedingt Gewisse. Beides gehört zusammen: die sinnvolle Ordnung und die letzte Undurchschaubarkeit der Welt – sie bilden in Gott eine Einheit, Offenbarung und Verborgenheit zugleich. Und diese Paradoxie ist es, die Hiob zur Einsicht führt und zu Ergebung und Zustimmung bewegt.

In der Unverfügbarkeit des menschlichen Daseins erkennt Hiob Gottes Sein. Diese Grunderfahrung jedes Menschenlebens hat zwei Seiten: Es ist einmal das dunkle, feindliche Widerfahrnis der Bedrohung und Begrenzung des Lebens und zum anderen das helle, freundliche Erlebnis der Gewährung und Fülle des Lebens. Der Mensch erfährt, sofern er aufmerksam lebt und nicht nur halbwach dahindämmert, gleichzeitig beides: daß er über sein Leben nicht verfügt, daß es zum Leben mehr braucht, als er selbst aufzubringen und zu leisten vermag, und daß ihm sein Leben daher zu mißlingen droht – daß es dieses »Mehr« aber erstaunlicherweise gibt und ihm das, was ihm unverfügbar erscheint, »zugefügt« wird und ihm sein Leben deshalb gelingen kann.

Und so läßt Hiob sich auf Gott ein – ohne Voraussetzungen und Bedingungen: weder aus Frucht vor Strafe noch aus Bedürfnis nach Schutz oder Hoffnung auf Lohn, sondern aus Freiheit und Notwendigkeit, preisgegeben an einen Gott, der einfach da ist, immer wieder aufs neue überwältigt von einer widerspenstigen Wirklichkeit und ausgesetzt in eine Welt, die so ist, wie sie ist, und deren Lauf er nicht zu deuten vermag. Hiob hat zwar Glauben, aber er besitzt keine Weltanschauung. Alles in allem ist es eine Religion des wahren Seins, nicht nur des glücklichen Bewußtseins.

Hiob ist aufrichtig – aber ist er vergnügt? Es fehlt seiner Frömmigkeit nicht ein tragischer Zug. Was sie charakterisiert, ist nicht fröhliche Hoffnung, sondern fromme Ergebung, mehr Gehorsam als Vertrauen.

Damit rückt die alttestamentliche Hiobdichtung für mich in die Nähe der griechischen Tragödie, natürlich ohne jedwede literarische Abhängigkeit. In der griechischen Tragödie vollzieht sich der Nomos, das von dem Gott verhängte Schicksal, ohne die Möglichkeit der Gnade. Das Geschick des Menschen ist ausweglos. Der Schuldige wird in der Mechanik des Geschichtsprozesses gnadenlos zermalmt. Das Höchste, das geschehen kann, ist, daß der »Held« seine Schuld bejaht und durch seinen Untergang die Heiligkeit des göttlichen Nomos demonstriert. Wo das Gesetz herrscht, dort gibt es nur Tragik, aber keine Gnade.

Hiobs Haltung scheint mir davon nicht weit entfernt zu sein. Hiob gehorcht mit geschlossenen Lippen – aber freut er sich Gottes und seines Lebens? Er knirscht zwar nicht mit den Zähnen, aber es gibt für ihn auch nichts zu lachen. Ich weiß nicht, ob Hiob in den Sonnengesang des heiligen Franz von Assisi eingestimmt hätte: »Gelobet seist du, Herr, in allen deinen Geschöpfen...« Hiobs eigene Worte klingen nicht danach.

In der alttestamentlichen Hiobdichtung spiegelt sich der Sieg einer neuen Auslegung der bis dahin herrschenden religiösen Überlieferung wider. Nach jüdisch-christlicher Auffassung ist die Weltgeschichte ein gegenseitiges gott-menschliches Drama, in dem Gott sich stets von neuem auf den Menschen einläßt und der Mensch dadurch Gottes und seiner selbst immer neu bewußt wird. Hegel spricht daher vom »Lebenslauf Gottes« in der Weltgeschichte. Nicht, daß der Gott der Bibel sich erst allmählich entfaltete und so stufenweise zum vollen Bewußtsein seiner selbst gelangte – Gott ist von Anfang an seiner selbst voll bewußt da. Er verwirklicht nur immer aufs neue seine Gegenwart in der Geschichte und damit seine Beziehung zu den Menschen: Gottes Sein ist im Kommen.

In diesem Prozeß nun gibt es Stillstand und Fortschritt und gewiß auch Rückfall. Ob das eine oder das andere geschieht, hängt nicht allein von Gott, sondern auch von den Menschen ab. Denn Gott »zwingt nicht, sondern zieht« – das heißt, er behandelt den Menschen nicht wie einen Klotz oder Stein, sondern geht mit ihm um als mit einem, der zwar unberechenbar, jedoch nicht unzurechnungsfähig ist. »Offenbarung« bedeutet demnach immer eine Wechselbeziehung zwischen Gott und Mensch, zwischen göttlichem Handeln und menschlichem Empfangen; es geht dabei stets »secundum hominem recipientem« zu, gemäß dem Menschen, der die Offenbarung annimmt oder auch verwirft. Und so ergibt sich – in einer unauflöslichen Verflechtung von göttlicher Reflektion und menschlicher Projektion – der »Lebenslauf Gottes« in der Weltgeschichte.

Solcher Fortgang geht nicht ohne Konflikte ab. Eben weil stets Menschen daran beteiligt sind, ist der Lebenslauf Gottes in der Geschichte allzeit umstritten – selbst in der Bibel gibt es Wahrheit immer nur mitten im Streit. Ein solcher Streit um die Wahrheit Gottes spiegelt sich in dem Redewechsel zwischen Hiob und seinen Freunden ab. Die Hiobdichtung erweist sich damit als ein religionsgeschichtlicher Markierungspunkt, an dem ein neues menschliches Gottesbild das bisher geltende ablöst und die religiöse Entwicklung sich so auf eine höhere Stufe erhebt.

Welche bleibenden Einsichten vermittelt die alttestamentliche Hiobdichtung nun auf unsere Frage nach dem Wollen und Handeln Gottes angesichts des Laufs und Leids der Welt? Ich nenne deren fünf:

Erste Einsicht: Das Buch Hiob lehrt uns, daß das gängige Lohn- und Strafschema in keinem Fall ausreicht, um das Leid im Lauf der Welt zu verstehen oder gar zu bestehen.

Schuld und Leid stehen in keinem erkennbaren und schon gar nicht in einem immer angemessenen Verhältnis zueinander. Zwischen dem Tun und dem Ergehen des Menschen gibt es keinen zwingenden, unentrinnbaren Zusammenhang. Nicht alle Übel auf Erden sind von Menschen verschuldet. Krankheit, Alter und Sterben sind biologische Gegebenheiten und gehören zur Leiblichkeit des Menschen, wie auch Naturkatastrophen – Unwetter, Erdbeben und Vulkanausbrüche – schöpfungsgemäße Vorgänge sind, die sich nicht unmittelbar auf eine göttliche Absicht zurückführen lassen. Unglück ist nicht immer eine Quittung für Schuld, und Gerechtigkeit garantiert noch kein Glück. Die Gerechten kommen mit den Gottlosen um, während die Frevler lebenslang blühen. Und den Teufel an die Wand zu malen, bringt auch hier nichts ein.

Von »Gericht« können wir nur dann sprechen, wenn zwischen Schuld und Leid ein ursächlicher Zusammenhang besteht und das Leid sich als unmittelbare Folge einer schuldhaften Tat, als die Selbstentfaltung eines Frevels erweist – gemäß dem biblischen Bild von Saat und Ernte: Wir ernten, was wir selbst gesät haben – unsere Werke folgen uns nach. Naturkatastrophen sind in unseren Augen nicht »verschuldet«, sondern »verursacht«, und nur wenn wir sie selbst verursacht haben – wie zum Beispiel die Zerstörung unserer Umwelt –, haben wir sie auch verschuldet.

So kann ich auch ein mir widerfahrenes Leid, falls ich in ihm die Folge eigenen schuldhaften Verhaltens erkenne, als eine »verdiente Strafe« annehmen. Gleichfalls kann mir ein eigenes oder fremdes Leid zur »Prüfung« dienen, indem ich mich dadurch bewegen lasse, mein bisheriges Leben zu überdenken und zu ändern: Gott mehr zu vertrauen und meinen Nächsten mehr zu lieben. Aber dies gilt nur »in statu confessionis«, das heißt, in persönlicher Betroffenheit, nicht jedoch im Rahmen einer allgemein gültigen, rational erkennbaren sittlichen Weltordnung oder eines objektiven theologischen Systems.

Zweite Einsicht: Das Buch Hiob mahnt uns, daß es keinen theologischen Universalschlüssel gibt, weder für die Erkenntnis Gottes noch zur Erschließung der Welt.

Wir können den Lauf der Welt nicht mit göttlichen Eingriffen von oben und außen erklären. Gott zerreißt nicht ständig den Kausalzusammenhang der Natur und Geschichte, sondern schafft und erhält die Welt, indem er die »Naturgesetze« wahrt und sich den Fortgang der Geschichte aus sich selbst ergeben läßt: »Gott macht, daß die Dinge sich selber machen.« (Teilhard de Chardin)

Das verbürgt die Freiheit des Menschen und die Offenheit der Geschichte. Der Lauf der Welt ist nicht von Ewigkeit zu Ewigkeit festgelegt; Sinn und Ordnung stehen nicht von vornherein fest. Vielmehr würdigt Gott den Menschen, bei der Ordnung und Deutung der Welt mitzuwirken und mit ihm zusammen den Sinn zu entwerfen und die Ordnung zu schaffen. Dabei funktioniert der Mensch nicht wie eine Puppe im Marionettentheater, bei dem Gott, verborgen hinter dem Vorhang, die Fäden zieht, sondern er gleicht einem Schauspieler auf der Bühne, der seine Rolle frei gestaltet – wie in einem Stegreifspiel. Es ist nicht Gottes Sache, sondern Aufgabe, Lust und Last des Menschen, sich zwischen den jeweils möglichen Lösungen zu entscheiden, das Böse zu verwerfen und das Gute zu wählen. Wo es aber geschieht, dort ist es nach seinem Willen und geschieht in seiner heilsamen Gegenwart.

Göttliche Vorsehung und menschlicher Vorsatz lassen sich nicht prozentual gegeneinander aufrechnen. Es steht in diesem Augenblick – auch bei Gott – noch nicht fest, wann und woran wir einmal sterben werden: ob und zu welchem Zeitpunkt sich in unserem Körper die »natürlichen« Voraussetzungen für die Entstehung einer bösartigen Geschwulst oder für die Herbeiführung eines Herzinfarkts gebildet haben, oder ob es durch einen Verkehrsunfall zu Lande, zu Wasser oder in der Luft geschehen wird.

Geradeso hat es 1933 noch nicht von vornherein »festgestanden«, daß 1939 der Zweite Weltkrieg ausbrechen würde. Politische Vernunft konnte zwar voraussehen, daß das unvernünftige politische Abenteuer der Deutschen in einem Debakel enden und daß dieses Debakel höchstwahrscheinlich in einem Krieg bestehen würde – aber daß der Krieg dann am 1. September 1939 ausgebrochen ist, das hat sich erst im Laufe der Zeit aus der geschichtlichen Entwicklung ergeben und ist nicht schon von Ewigkeit her durch göttlichen Ratschluß bestimmt gewesen. Anders machte man die Geschichte zu einem toten Geschiebe.

Alle Aussagen über Eigenschaften Gottes haben nur Geltung und Gehalt, sofern sie sich auf ihre dogmatische Grundform, und das heißt auf Erfahrungen des Glaubens, zurückführen lassen. Dies gilt auch für die Rede von der Allmacht Gottes. Wenn Jesus sagt, daß kein Sperling auf die Erde falle, ohne daß Gott es wolle, und daß alle Haare auf unserem Haupt gezählt seien, dann will er damit nicht, in einer Art theologischer Mengenlehre, einen Beweis für Gottes Allmacht erbringen, sondern mit Hilfe eines poetischen Bilds zum Vertrauen ermutigen. Deshalb schließt jene Perikope auch mit dem Zuspruch: »Darum fürchtet euch nicht!« (Matthäus 10,29f.; Lukas 12,6f.) Daß Gott allmächtig ist, bedeutet mithin keine allgemeine abrufbereite Wahrheit im Sinne objektiver Feststellbarkeit, sondern ist erfahrbar nur in der persönlichen Betroffenheit des Glaubens, wenn jemand auf Gott vertraut, seine Hilfe erfährt und so an seiner Schöpfermacht teilhat.

»Vorsehung Gottes« heißt, gewiß sein, daß Gott in jedem Fall bei uns sein und es nach seinem guten Willen gehen wird. Die gläubige Gewißheit göttlicher Führung aber geht Hand in Hand mit einem theologischen Nichtwissen. Wir vertrauen Gottes Vorsehung wohl en gros, aber vermögen sie en détail nicht nachzurechnen: Gott scheint nicht nur »mit den stärkeren Bataillonen« zu sein, er läßt es auch »allein den Betern nicht gelingen«. Daraus ergibt sich eine Verbindung von religiöser Gewißheit und theologischem Nichtwissen, von Vertrauen und Agnostizismus: »Auch hat Gott den Menschen die Ewigkeit ins Herz gelegt – nur daß der Mensch nicht ergründen kann das Werk, das Gott tut, weder Anfang noch Ende« – »Gleich wie du nicht weißt, welchen Weg der Wind nimmt und wie die Gebeine im Mutterleib gebildet werden, kannst du auch Gottes Tun nicht wissen, der alles wirkt.« (Prediger Salomo 3,11; 11,5)

Dritte Einsicht: Das Buch Hiob warnt uns davor, Religion mit Metaphysik oder Moral zu verwechseln.

Gott ist weder ein Garant der Moral noch die Religion Lieferantin einer Weltanschauung. Vielmehr sind Moral und Weltanschauung eine Sache der Rationalität des Menschen, und damit ein Erweis seines Erwachsenseins. Beseelt von dem Wunsch, zu sein und zu bleiben, und konfrontiert mit einer widerspenstigen Wirklichkeit, muß der Mensch seine Vernunft gebrauchen, um die Welt zu erforschen, ihren Gang zu erklären und das Richtige zu ihrer Erhaltung und Ordnung zu tun. Dabei kann sich der Glaubende nicht unmittelbar auf göttliche Beglaubigungen berufen und einfach beteuern: »Das ist Gottes Wille und Tat«.

Da wir nicht mehr in einer geschlossenen christlichen Welt, sondern in einer weltanschaulich pluralistischen Gesellschaft leben, können auch die Christen öffentlich nur an die Vernunft und Menschlichkeit ihrer Mitbürger appellieren. Darum haben sie das »Christianum«, das sich aus der Gottesverkündigung der Bibel ergibt, in säkulare Humanität umzusetzen. Und sie brauchen sich nicht zu scheuen, alles aufzunehmen, was ihren Kriterien des Humanum in der Welt entspricht.

Vierte Einsicht: Das Buch Hiob erinnert uns daran, daß Gott nicht Zweck, sondern Ziel des Glaubens ist.

Die Religion bedarf, ja verträgt keinerlei Begründungen durch irgendwelche anderen, außerhalb ihrer selbst liegenden – anthropologischen, moralischen, politischen, gesellschaftlichen oder sonstigen – Zwecke. Wo immer Gott einem Zweck dient, dort ist er bereits hinter den Zweck zurückgetreten, dem er dient; wo immer Gott zu einer Funktion wird, dort wird die Größe, für die er fungieren muß, durch ihn alsbald immer größer, er selbst dagegen immer kleiner.

Zum Beispiel: Wenn der Glaube an Gott zur Stützung des Staates dient, dann wird der Staat dadurch immer größer und göttlicher, Gott selbst dagegen immer kleiner und menschlicher – und im Hofbericht stand dann einst zu lesen: »Die Allerhöchsten Herrschaften haben sich in den Dom begeben, um dem Höchsten zu dienen.«

Oder: Wenn man den Glauben an Gott dadurch zu rechtfertigen trachtet, daß man ihm eine religiöse Funktion zubilligt – Antrieb und Kraft zur Veränderung der Gesellschaft –, dann erweist sich auch hier die Gesellschaft als Auftraggeber und Gott als ihr Funktionär. Und die Gesellschaft ist es dann auch, die über die Dauer des Anstellungsverhältnisses befindet.

Im Sinne irgendeines Nutzeffektes – um gut durchs Leben zu kommen, um einen festen Halt zu haben, um moralisch gebessert zu werden, um die Welt zu erklären, um den Staat zu stützen oder die Gesellschaft zu verändern – braucht der Mensch Gott nicht. Wer die Notwendigkeit und Unentbehrlichkeit des Gottesglaubens mit seinem Nutzen für den Menschen, die Gesellschaft, den Staat oder irgendeinen anderen Zweck zu beweisen trachtet, unterschätzt den Menschen in seinen sittlichen, rationalen und kreativen Fähigkeiten und erniedrigt Gott zugleich zum bloßen »Lebensmittel«, zu einer Zulieferfirma von Ersatzteilen bei beschädigter menschlicher Existenz. Ein nützlicher Gott ist immer ein Götze. Wenn es um das geht, was das Leben zuletzt hält und trägt, dann verliert das bloß Nützliche und Zweckmäßige sehr schnell an Wert.

Fünfte Einsicht: Das Buch Hiob macht ernst damit, daß die Religion ihren Sinn in sich selbst trägt.

Es verhält sich mit der Religion wie mit der ehelichen Liebe: Sie ist zweckfrei, aber sie ist darum nicht sinnlos; sie ist sinnvoll in sich und trägt Frucht aus sich selbst.

Christen glauben daher nicht an Gott – wenigstens sollten sie es nicht tun –, um etwas zu erreichen, was ihnen nützt, und sie reden auch nicht von ihrem Glauben, um ihn anderen als nützlich einzureden, sondern sie glauben an Gott und reden davon, weil sie etwas erfahren haben, was für sie wahr ist, was ihnen Freude macht und was sie deshalb auch anderen mitteilen möchten, wie man eine gute Nachricht halt weitersagt.

Und so kann der russische Schriftsteller Abram Terz-Sinjawski mit seiner Erinnerung daran, daß es Zeit sei, an Gott zu denken, die Warnung verbinden:

»Glauben muß man nicht aus Tradition, nicht aus Todesfurcht, nicht auf jeden Fall, nicht deswegen, weil irgend jemand es befiehlt oder irgend etwas schreckt, nicht aus humanistischen Prinzipien, nicht, um erlöst zu werden, und nicht aus Originalität. Glauben muß man aus dem einfachen Grund, weil Gott da ist.«

Weil Gott sich in der Freiheit seiner Liebe den Menschen als Partner gewünscht und geleistet hat, darum kann sich der Mensch seinerseits Gott leisten – als das ganz und gar Nicht-Notwendige in seinem Leben, aber gerade darum als das, was allein nottut: fast wie ein Spiel, ein Riesenspiel freilich, das der Mensch nicht selber inszeniert hat, in dem er aber mitspielt, ob er will oder nicht, ob er's weiß oder nicht, und das er deshalb auch verspielen kann.

Eben aus diesem Grunde und auf diese Weise hat Hiob an Gott geglaubt. Darum wird ihm auch am Ende bestätigt, daß er – trotz seiner Klagen, Anklagen, ja Proteste – richtig von Gott geredet, ihn mithin tiefer erkannt und ernster genommen habe als seine frommen Freunde. Diese hingegen werden von Gott getadelt, daß sie nicht richtig von ihm geredet hätten, und Hiob hat alle Mühe, sie bei Gott herauszupauken.

Ob anwesend oder abwesend, ob verborgen oder offenbar – Gott ist immer da, aber er ist nicht immer gleichermaßen für uns da. Es muß immer auch damit gerechnet werden, daß Gott selbst sich tiefer in seine Verborgenheit zurückzieht und wir deshalb dann in einer Gottesferne, ja in einer Gottesfinsternis leben. Gott zeigt sich ja nicht immer in der gleichen Weise; er ist nicht immer gleich gegenwärtig, und schon gar nicht ist er jederzeit für uns verfügbar. Wir haben wohl seine Verheißungen, aber wir haben keine Garantien. Darum gibt es schon in der Bibel unterschiedliche Zeiten in der Geschichte Gottes mit den Menschen: Zeiten, über denen steht: »Siehe jetzt!«, und Zeiten, über denen steht: »Siehe, jetzt nicht!«

Nur müssen wir uns hüten, daraus eine bequeme geschichtsphilosophische Kategorie zu machen. Geschichtsdeutungen können ja, selbst wenn sie den Untergang der Menschheit oder sogar den Tod Gottes ankündigen, so wundervoll beruhigend wirken. Man bekommt damit die Zeit in die Hand und Gott in den Griff. Wo die Bibel von Zeiten der Abwesenheit Gottes spricht, dort geschieht es mit Furcht, Erschrecken, Bekenntnis der eigenen Schuld und neuem, drängenderem Warten auf Gott.

Doch die alttestamentliche Hiobdichtung weist wiederum über sich hinaus. Den prophetischen Höhepunkt des Buches bildet nicht die Gotteserscheinung am Schluß, schon gar nicht die überreichliche, schier märchenhafte Wiederherstellung von Hiobs einstigem Glück, sondern jene Stelle in Hiobs Auseinandersetzung mit den Freunden, wo er gegen den allmächtigen Gott protestiert, der ihn jetzt so willkürlich leiden läßt, und an einen Gott appelliert, der sich als sein Freund, Anwalt und Erlöser erweisen wird:

»Sei du selbst mein Bürge bei dir
– wer will mich sonst vertreten?

Ich weiß, daß mein Erlöser lebt,
und als der letzte wird er über dem Staub sich erheben . . .
Und ist meine Haut noch so zerschlagen
und mein Fleisch dahingeschwunden,
so werde ich doch Gott sehen.
Ich selbst werde ihn sehen,
meine Augen werden ihn schauen und kein Fremder.
Danach sehnt sich mein Herz in meiner Brust.«

(17,3; 19,25–27)

Mit dieser Anrufung wird ein Gott in Aussicht gestellt, der, statt »apathisch« Leiden über die Menschen zu verhängen, »sympathisch« bei den Menschen im Leiden steht. Dieser Appell Hiobs ist nicht ohne Antwort geblieben. Die Antwort darauf hat Jesus aus Nazareth gegeben; er hat damit seinerseits Hiob überholt und eine neue, die endgültig letzte Stufe des Lebenslaufs Gottes in der Weltgeschichte heraufgeführt.

III. Der gnädige Gott – er leidet mit den Menschen

Wie wir von jemand zu sagen pflegen, er habe in einer ausweglosen Situation das erlösende Wort gesprochen, geradeso bekennt der christliche Glaube: Jesus hat, was Gott und die Welt betrifft, in der Geschichte der Menschheit ein erlösendes Wort gesprochen. Es ist das Machtwort des Glaubens an die Macht der Liebe Gottes angesichts des alle menschliche Gotteserfahrung schier erdrückenden Eindrucks der Welt.

An Jesus von Nazareth wird offenbar, was Glaube an Gott heißt. Von allen Titeln, die ihm im Neuen Testament beigelegt werden, scheint mir der Name »Anfänger und Vollender des Glaubens« ihn am zutreffendsten zu charakterisieren. Nirgendwo sonst in der Religionsgeschichte ist der gesamte Inhalt einer Religion so total auf den »Glauben« konzentriert und wird dieser wiederum so radikal als »Vertrauen« identifiziert wie im Christentum. »Aus Glauben zum Glauben« kann ich daher als Überschrift über Jesu Person und Botschaft stellen.

Aus Glauben: Die Gesamtverfassung der Existenz Jesu gründet in seiner Gottesbeziehung, in seiner Erfahrung der unmittelbaren Nähe Gottes. Diese Gottesgewißheit ist die Quelle, aus der er lebt, lehrt und leidet. Die Zwiesprache mit Gott ist der Ort der Offenbarung Gottes in Jesu Leben.

Zum Glauben: Indem Jesus den Glauben lebt, erweckt er ihn in den Menschen. Was er selbst von Gott erkannt hat, das gibt er weiter, damit seine Lebensbeziehung zu ihm auch anderen zur Quelle des Lebens werde und sie gleichfalls zu solcher Gottesgewißheit gelangen. Seine Offenbarung Gottes besteht in nichts anderem, als daß er sein persönliches Gottesverhältnis öffentlich auslebt. Indem er – ohne Zwischeninstanz, ohne Titel, Amt und großen Namen – Menschen allein durch sein Wort zum Glauben ruft, versetzt er sie in die Gegenwart Gottes, wie er sie selbst erfahren hat. Ob Jesus vom »Vater« spricht oder das Kommen des »Reiches Gottes« ankündigt – beide Schlüsselworte beschreiben übereinstimmend den Kern seiner Gottesverkündigung: die Zusage der Nähe Gottes bei allen Menschen. Und schon die Geste der Hilflosigkeit und das Innewerden des Angewiesenseins bezeichnet er als Glauben.

Jesu Erfahrung und Verkündigung Gottes besagt, daß der letzte Horizont unseres Daseins nicht gnadenlos, sondern gnädig ist und für uns daher – trotz allem, was in unseren Augen dagegen steht – guter Grund zum Vertrauen besteht.

Durch Jesu Gotteserfahrung und Weltdeutung erhält Gott ein erkennbares Antlitz und die Welt einen gemeinsamen Nenner. Die Kristallisation der Allgegenwart Gottes in Jesu Person und Botschaft wird für den Glauben zum Anhaltspunkt in dem widersprüchlichen Einerlei der Welt. Hier hat der Begriff der »Projektion« seine Richtigkeit: Der Glaube projiziert, das heißt, er entwirft in das unbegreifliche Dunkel der

Welt rings um uns her, in ihre Schrecknisse und Leiden, das Angesicht Gottes, wie es in Jesus Christus zum Vorschein gekommen ist. Damit aber erweist diese Projektion des Glaubens sich in Wahrheit als eine Reflektion Gottes. In Jesu Leben reflektiert sich Gott.

Jesu Gotteserfahrung und meine Lebenserfahrung bilden einen Zirkel: Die Art, wie ich die Welt in meinem Leben erfahre und deute, ist durch den Glauben Jesu bestimmt; ich finde ihn in meiner eigenen Lebens- und Welterfahrung bestätigt. In mir ist etwas, das Jesus recht gibt. Was sich in mir nur schwach und undeutlich zu Wort meldet, das ist in Jesu Gottesbewußtsein rein und klar durchgedrungen und als ein vollmächtiges Wort an mich gelangt. Seine unmittelbare Lebensbeziehung zu Gott ist für mich zur Quelle des Lebens geworden.

Der Glaube an Gott auf Jesu Wort hin gibt mir Antwort und damit Mut zum Leben in bezug auf drei Lebensfragen:

Erstens: Er gibt mir Anwort auf die Frage nach der Gegenwart Gottes in der Welt und ermutigt mich, an Gott zu glauben und ihm zu vertrauen – angesichts seiner scheinbaren Abwesenheit in der Welt.

Zweitens: Er gibt mir Antwort auf die Frage nach dem Sinn meines Lebens in der Welt und ermutigt mich, Sinn zu suchen und zu bekennen – angesichts von Schuld, Leid, Krankheit, Verfall und Tod in der Welt.

Drittens: Er gibt mir Antwort auf die Frage nach der Zukunft des Menschen in der Welt und ermutigt mich, die Welt menschlicher gestalten zu helfen – angesichts so vieler Unmenschlichkeiten in der Welt.

Damit hat Jesus die alttestamentliche Hiobdichtung überholt. Können Sie sich vorstellen, daß der Gott, den Jesus seinen »Vater« nennt, mit dem Satan im Himmel um einen Menschen gewettet hätte? Und können Sie sich umgekehrt vorstellen, daß Hiob den von ihm erfahrenen und erkannten Gott als »Vater« angeredet hätte? Hiob hat gleichsam die Hände Gottes überall in der Schöpfung erkannt; Jesus aber hat uns Gottes Herz erschlossen. Hiob hat die Unbegreiflichkeit Gottes erfahren; Jesus hat die Gnade des unbegreiflichen Gottes offenbart. Seitdem brauchen wir nicht mehr im Dunkeln zu sitzen und auf eine Antwort zu warten.

Die allgemeine religionsgeschichtliche Aussage, daß Gott den Menschen das Leid schicke, wird im Christentum überholt von der Zusage, daß Gott sich selbst ins Leid der Menschen schickt. Hier hat die von Jesus stellvertretend erbrachte Gotteserkenntnis ihre Pointe: *Gott steht bei den Menschen im Leiden.*

Wer Jesus aus Nazareth verstehen will, muß Hiob im Sinn behalten. Beide leben sie im Horizont desselben Gottes. Es gibt in den neutestamentlichen Evangelien eine Stelle, die ihr Geschick miteinander verbindet. Das ist Jesu verzweifeltes Gebet am Kreuz: »Mein Gott, mein Gott, warum hast du mich verlassen?« Abgesehen von einer Warum-Frage bei Paulus in Römer 9,20 ist dies das einzige Mal, daß im Neuen Testament das Wort »Warum?« in der Anrede an Gott vorkommt.

Am Kreuz auf Golgatha erreicht Jesu Gottesbild seine schärfste und tiefste Kontur: Sein Antlitz ist das »Haupt voll Blut und Wunden«. Die antiken Götter lächeln, selig in sich selbst, angesichts der Leiden der Menschen. Der Gott des Alten Testaments lacht und spottet über ihren Hochmut – der Vater Jesu von Nazareth lächelt weder noch lacht er über die Menschen – er leidet mit den Menschen mit.

Daß von Gott nicht nur Liebe, sondern auch Leiden aus Liebe ausgesagt wird, bedeutet die letzte, unüberbietbare Vollendung der Gotteserkenntnis, die Jesus durch sein Leben, Leiden und Sterben stellvertretend erbracht hat. Nicht in der Krippe von Bethlehem, sondern am Kreuz von Golgatha erschließt sich Gottes Wesen daher am tiefsten. Im Sterben Jesu tritt dies konkret ins Bild.

Von den Menschen verurteilt, in seinem Glauben angefochten und so, wie es aussieht, selbst von Gott verlassen, betet Jesus, am Kreuz hängend, den 22. Psalm: »Mein Gott, mein Gott, warum hast du mich verlassen?« Dieses Gebet spiegelt wider, wie Jesus sich mit dem ihm widerfahrenen Leid auseinandergesetzt und es schließlich angenommen hat.

Der alttestamentliche Psalm beginnt mit der Klage des Beters über sein Leid, insonderheit über das ihm von seinen Feinden angetane Unrecht. Schlimmer aber noch als alle ihm von den Menschen angetanen Kränkungen quält den Psalmisten seine Gottverlassenheit – er sucht Gott in seiner Not und kann ihn nirgends finden. Dann aber wandelt seine Klage sich in die Bitte um Rettung; sein Vertrauen wächst wieder, bis er Gottes schließlich wieder aufs neue gewiß ist. Der Psalm endet in Lob und Dank, mit der Bezeugung der Treue Gottes.

In Jesu Mund bedeutet dieser Psalm weder nur einen Verzweiflungsschrei noch nur eine Vertrauenskundgebung. Jesus ist weder sterbend in seinem Glauben zusammengebrochen, noch ist er mit einem Triumph auf den Lippen untergegangen. Vielmehr hat er bis in die letzte Tiefe hinab erfahren, was es heißt, von den Menschen verworfen und von Gott verlassen zu sein.

Nicht, daß Jesus größere körperliche Schmerzen als andere Menschen hat erdulden müssen! Ich weiß nicht, was schlimmer ist, neun Stunden lang am Kreuz zu sterben oder sich einen Tag und eine Nacht lang mit einem Bauchschuß im Niemandsland die Seele aus dem Leib zu schreien. Aber weil Jesus sich mit Gott in einzigartiger Weise verbunden wußte, weil er ihn seinen »Vater« nannte, wie sonst kein Mensch zu Gott »Vater« sagen kann, und weil er sich an seine Mitmenschen hingab, wie sonst kein Mensch sich auf einen Mitmenschen eingelassen hat, darum mußte er auch tiefer als je ein Mensch erfahren, was es heißt, von Gott und den Menschen verlassen zu sein.

In seiner Menschen- und Gottverlassenheit am Kreuz aber ruft Jesus nun gerade zu Gott und wirft sich ihm in die Arme: »Mein Gott, mein Gott, warum hast du mich verlassen?« Das bedeutet: Jesus hat seine Erfahrung Gottes als Vater auch im Leid durchgehalten, richtiger, seine Erfahrung Gottes als Vater hat ihn auch durch das Leid hindurchgetragen. Sein Glaube ist der Sieg, der das Leid der Welt überwunden hat. Inmitten des Bruchs, den Jesu Scheitern und Tod bedeuten, ist etwas Bleibendes: Gottes Treue und Jesu Trauen.

Jegliche theologische Überhöhung oder gar Verherrlichung menschlichen Leidens schlägt dem Sterben Jesu aus Nazareth ins Gesicht. Das zeigt ein Vergleich zwischen dem Tode Jesu und dem Sterben des Sokrates. Vergleichen wir beider Sterben miteinander, so fällt als erstes auf: Sokrates ist feiner, edler, vornehmer, mit einem Wort, elitär gestorben. Er erweist sich geradezu als ein Meister im Sterben. Voller Gleichmut, ja in heiterer Gelassenheit trinkt er den Schierlingsbecher. Und sterbend noch philosophiert er mit seinen Freunden gelassen über den Tod. Das sind fast übermenschliche Züge. Matthias Claudius schreibt darüber: »Es ist nicht, als sähe man einen Menschen sterben; man glaubt einen Unsterblichen zu sehen, einen Freund und Vertrauten des Himmels und der Götter, der zu den Wohnungen des Friedens *heim*kehret und nur an der Schwelle den Staub abschüttelt, der sich auf ihn gesetzt hatte.«

Im Gegensatz dazu wirkt Jesu Sterben gewöhnlich, roh, gemein, mit einem Wort, vulgär. Jesus hat Angst vor dem Sterben. Er nimmt den Kelch des Leidens nicht ohne Zagen an wie Sokrates den Schierlingsbecher, sondern betet im Garten Gethsemane verzagt: »Vater, ist's möglich, so gehe dieser Kelch an mir vorüber; doch nicht, wie ich will, sondern wie du willst!« Und als es dann soweit ist, stirbt er für sich allein, ohne Gespräch und Geleit, am Ende mit einem Schrei. Aber gerade die Art seines Sterbens macht Jesu Tod zu einem brüderlichen Tod. Jesus ist gestorben wie einer der geringsten Brüder – so, wie Menschen sterben: auf Intensivstationen und in Gaskammern, auf Schlachtfeldern und in Vernichtungslagern, an Hinrichtungsstätten und in Slums, auf der Straße, im Meer und im Bett, einsam, angstvoll, namenlos.

Aber was besagt das schon, daß Jesus wie einer der geringsten Brüder gestorben ist? Seid umschlungen, Millionen, noch im Tode – wem hilft das, wenn er selber an der Reihe ist? »Am Ende« bleibt auch die Beschwörung des brüderlichen Sterbens Jesu trotz allen scheinbar ehrlichen und harten Realismus nur eine Beschwichtigung und Beschönigung des Todes.

Niemand würde dem Tode Jesu jemals göttliche Bedeutung beigemessen haben, ja kein Mensch würde heute überhaupt noch von seiner Kreuzigung sprechen, wenn sich hinterher nicht jene Ereignisse zugetragen hätten, die der Glaube als »Auferweckung Jesu« gedeutet hat. Die Christen haben zuerst an die Auferweckung Jesu und erst dann an sein Kreuz geglaubt. *Danach* erst haben sie erkannt, was *dahinter* war: daß Jesu Geschick die Geschichte Gottes mit der Menschheit bedeutet und seine Kreuzigung daher nicht das Ende, sondern die Vollendung dieser Geschichte. Darum fährt auch Matthias Claudius an der zitierten Stelle fort: »Der Abschied des Sokrates aus der Welt war schön und rührend … Aber hier ist mehr als Sokrates. Hier ist die Herrlichkeit Gottes selbst. Lege deine Stirne auf die Erde: Ecce homo.«

Siehe, ein Mensch! Daß Gott am Kreuz von Golgatha gestorben sei, kann man nicht mit letztem Ernst behaupten. Denn entweder war dieser Tod nur ein Intermezzo, also kein wirklicher Tod, sondern ein Scheintod – oder Gott ist auf Golgatha wirklich gestorben: Dann gibt es ihn seitdem nicht mehr – und hat ihn dann auch vorher nie gegeben! Wohl aber wird man dies sagen können, ja sagen müssen: daß mit dem Tod Jesu am Kreuz eine bestimmte Gottes*vorstellung* gestorben ist, nämlich der Wunsch nach einem starken, allmächtigen Gott, der wie ein deus ex machina den Menschen aus allen Leiden hilft und ihnen alle Wünsche erfüllt.

Den allmächtigen Gott kennen auch die Heiden – er kommt in vielen Religionen vor. Jeder monotheistische Gott ist auch allmächtig. Im Christentum sind zum erstenmal in der Religionsgeschichte, ja in der ganzen inneren Geschichte der Menschheit überhaupt, Gott und Leiden positiv zusammengebracht. Damit ist jeder nur mögliche Gottesgedanke auf die Spitze getrieben – weiter als bis ins Leid hinein läßt Gott sich nicht exponieren. Der Gott Hiobs will »imponieren«, der Vater Jesu aus Nazareth läßt sich »exponieren«.

Aber kann man andererseits weniger über Gott aussagen, wenn man die Zusage seiner Liebe ernst nimmt? Ein Gott, der nur »bis hierher und nicht weiter« liebte, wäre als ein leidloser zugleich ein liebloser, ja ein unmenschlicher Gott. Jeder Mensch, der aus Liebe zu einem anderen Menschen mit diesem nicht auch leidet – und wer täte dies nicht wenigstens einmal im Leben? –, wäre einem solchen allmächtigen, leidlosen Gott überlegen. Das Eine ist mir seit Jesu Kreuzestod gewiß: daß

Gott in der Geschichte niemals auf seiten der Henker, vielmehr immer den Leidenden zur Seite steht.

So betrachtet, bedeutet die Geschichte Jesu aus Nazareth die *Rechtfertigung Gottes vor den Menschen angesichts des Leids der Welt.* Lieben und leiden – was Camus in seinem »Mythos von Sisyphos« vom Universum verlangt, damit der Mensch versöhnt werde – hier geschieht's. Was das Leid der Welt betrifft, ist Gott ein Mitbetroffener.

Aber wenn Gott selbst durch das Leid der Welt betroffen ist – *wer hat es dann verursacht?*

Nach der Ursache des Leids gefragt, komme ich, so gern ich es auch möchte, nicht darum herum, Gott damit in Zusammenhang zu bringen. Das biblische Zeugnis ist hier eindeutig:

Amos: »Ist etwa ein Unglück in der Stadt, das der Herr nicht tut?« (3,6)

Klagelieder Jeremiae: »Wer darf denn sagen, daß solches geschieht ohne des Herrn Befehl und daß nicht Böses und Gutes kommt aus dem Munde des Allerhöchsten?« (3,37f.)

Deuterojesaja: »Ich bin der Herr, und sonst keiner mehr, der ich das Licht mache und schaffe die Finsternis, der ich Frieden gebe und schaffe Unheil. Ich bin der Herr, der dies alles tut.« (45,6f.)

Es gibt in der Welt keine von Gott freien Räume und Zeiten. Was auch immer geschieht, Gott hat damit zu tun – aber wie und in welcher Weise?

Wo das Frageinteresse sich auf die Ursache richtet, geht der Blick zurück zur *Herkunft* des Leids. Es gibt aber noch eine andere Blickrichtung in der Bibel, wenn es um die Frage nach dem Leid geht. Diese ist schon vorbereitet in der Prophetie des Alten Testaments und endgültig offenbar geworden im Evangelium Jesu. Da werden die Köpfe der Menschen herumgerissen: »So sehet auf und erhebet eure Häupter, weil sich eure Erlösung naht!« (Lukas 21,28) Hier wird nicht *kausal* und daher *ergeben* nach der *Herkunft*, sondern *final* und daher *zuversichtlich* nach dem *Ende* des Leids in der Welt gefragt, und entsprechend richtet sich der Blick nach vorn, in Richtung *Zukunft*.

Die Antwort des Evangeliums Jesu auf die Frage nach dem Leid der Welt lautet: *Gott geht geradewegs auf das Leid zu:* Die Liebe Gottes im endgültigen Angriff auf das Böse und damit auch auf alle Leiden und Übel in der Welt, von der Schuld bis zum Hunger, von der Angst bis zur Armut, vom Unrecht bis zum Unglück – das macht den Sinn und Inhalt des Evangeliums Jesu aus. Der Lärm der Weltgeschichte klingt in das Lachen der Erlösten aus.

Diese eindeutige Tendenz des Evangeliums Jesu verbietet es, sich lange bei der Frage nach der Herkunft des Leids aufzuhalten und darüber zu grübeln: »Post Christum natum« – nach Christi Geburt – seit Gottes Heil für uns geschah, wird jede nur denkbare Antwort auf die Frage nach der Herkunft des Leids in der Welt überholt von der Auskunft, daß Gott bei den Menschen in ihren Leiden steht und es zum Guten wenden will.

Was mich in meinen eigenen Dunkelheiten und Tiefen hebt und trägt, ist nicht so sehr die Aussicht auf die endgültige Erlösung der Welt durch Gott am Ende aller Zeiten; vielmehr ist es die Erfahrung der Nähe Gottes: *daß Gott mit mir ist.* Aber setzt die Erfahrung der Nähe Gottes, daß Gott mit mir ist, nicht sein Kommen voraus, und bedeutet nicht eben dies schon »Erlösung«? In den alttestamentlichen Weissagungen wird der ersehnte Erlöser »Immanuel« genannt, das heißt, der »Gott mit uns«: daß Gott ein Gott sein will, der mit den Menschen ist, und der Mensch darum einer ist, der mit Gott sein darf. Die Tatsache der Erlösung steht bei Gott, der Grad des Erlösungsbewußtseins aber ist eine Sache des Temperaments und des Zeitgeistes. Auch der Heilige Geist macht aus einem Melancholiker keinen Bruder Lustig, sondern hat alle Hände voll damit zu tun, ihn davon abzuhalten, daß er nicht endgültig davongeht. Und manchmal gelingt es selbst dem Heiligen Geist nicht.

Aber daß es Erlösung im Leid schon hier auf dieser Erde, mitten in diesem Leben gibt, dafür kann ich Zeugen benennen. Mir sind in meinem Leben erlöste Menschen begegnet:

Kranke, die zu besuchen ich mich gefürchtet hatte, weil ich nicht wußte, wie ich sie trösten sollte, und von deren Bett ich selbst dann getröstet fortgegangen bin;

Strafgefangene, die sich zu Recht verurteilt fühlten, denen sich aber die Tür zu einem neuen Leben aufgetan hatte, nicht weil sie ihre Schuld vergessen hätten, sondern weil sie sie vergeben wußten;

Prostituierte, die aus ihrem Milieu herausgefunden hatten und jetzt in einem geistlichen Konvent zusammenlebten, bei deren Horengesang einem die zynische

Rede »Junge Hure – alte Betschwester« im Halse stekkenblieb;

Eheleute, die nach langem Hin und Her wider allen Rat von Psychologen, Anwälten und Pfarrern dennoch zusammengeblieben waren und einen neuen Anfang miteinander gemacht hatten;

Einsame, die sich nicht allein und verlassen fühlten, auch nicht verzweifelt Zerstreuung suchten, sondern in sich gesammelt und glücklich in ihrem Zimmer lebten;

Sterbende, die wußten, daß es mit ihnen zu Ende geht, daß sie vielleicht schon den nächsten Tag nicht mehr erleben würden, die dennoch getrost waren – und manchmal lächelten sie sogar.

Gott kommt nicht mit einem goldenen Zauberschlüssel und schließt das Gefängnis unseres Leids auf, wie man Affen aus einem Käfig läßt. Aber Gott kommt zu uns in unsere diversen Gefängnisse und bleibt bei uns und hält mit uns aus. Und dadurch löst sich unsere Gefangenschaft, und wir werden frei.

Ich räume unumwunden ein, daß die christlich-sympathische »Antwort auf die Frage nach« dem Leid in der Welt eine fast unerträgliche Spannung in sich birgt. Es ist die Spannung zwischen dem Gott Hiobs, der die Welt schafft und erhält, und dem Vater Jesu aus Nazareth, der das Heil der Welt wirkt und sie erlösen will. Diese Spannung ist in Gott selbst angelegt; es ist ein und derselbe Gott, der zugleich schafft und erlöst.

Damit scheidet jede dualistische Lösung des Leidensproblems aus: Für die Übel und Leiden in der

Welt ist kein Gegengott verantwortlich zu machen. Es nützt auch nichts, hier den Teufel an die Wand zu malen. Denn entweder ist der Teufel ein gleich mächtiger Gegengott – das wäre ein für den christlichen Glauben an Gott als den Schöpfer der Welt unerträglicher Dualismus. Oder aber der Teufel steht auch unter Gottes Herrschaft – dann fällt die Verantwortung zuletzt doch auch wieder auf Gott zurück. Leid und Schuld sind daher allein eine Sache zwischen Gott und dem Menschen. Und so bleibt die Frage bestehen: Leiden – wie kann Gott das zulassen?

In der Spannung zwischen der Allmacht und der Liebe Gottes, zwischen seiner Gerechtigkeit und seiner Güte drückt sich die *Verborgenheit* Gottes aus. Wie werden wir mit ihr fertig? Fertig werden wir überhaupt nicht mit ihr, falls wir uns nicht wie die Freunde Hiobs verhalten wollen und Menschen, die im Leid stecken, einfach mit einer vorgefertigten Theologie, in diesem Fall mit irgendeiner »Theodizee«, überfallen. Es gibt keine abstrakte christliche Leidensdogmatik, nicht einmal eine aus dem Leiden und Sterben Jesu abgeleitete universale Theologie des Leids, sondern höchstens Richtlinien für das konkrete Verhalten des Menschen im Leid, an denen der Glaube sich wie an Halteseilen im Dunkel des Leids voranbewegen kann.

Ich will versuchen, so behutsam wie möglich sieben *Leitsätze für die Existenz des Menschen im Leid* zu formulieren.

Erster Leitsatz: Das Leid soll uns nicht Anlaß zu einer allgemeinen *Welt*betrachtung, sondern Anstoß zu einer persönlichen *Selbst*betrachtung sein.

Eine ebenso nachdenkliche wie praktische Anleitung für den Umgang mit der Frage nach dem Leid in der Welt hat Jesus aus Nazareth gelegentlich gegeben (Lukas 13,1–5). Auf die Frage nach dem Schicksal und der Schuld der Galiläer, die Pilatus im Tempelhof, beim Opfer am Altar, hat niedermachen lassen, antwortet Jesus mit der Gegenfrage: »Meint ihr, daß diese Galiläer mehr als alle anderen Galiläer Sünder gewesen sind, weil sie das erlitten haben? ... Oder meint ihr, daß die achtzehn, auf welche der Turm von Siloah fiel und sie erschlug, schuldiger gewesen seien als alle anderen Menschen, die zu Jerusalem wohnten?« Und Jesus gibt selbst darauf die Antwort: »Nein, sondern wenn ihr nicht umkehrt, werdet ihr alle auch so umkommen.«

Hier findet eine Änderung der Blickrichtung statt. Die Fragesteller werden von der Betrachtung fremden Schicksals abgezogen und zur »Selbstbetrachtung« angehalten. Statt allgemein und distanziert nach dem Zusammenhang von Schuld und Leid in der Geschichte zu fragen und dann objektiv das Walten eines göttlichen Strafgerichts über andere zu konstatieren, sollen sie auf sich selbst, auf ihre eigene Schuld blicken. Das fremde Leid soll ihnen zu einem »Denkzettel« werden, nicht um abstrakt und objektiv über Gott und die Welt, sondern um konkret und subjektiv über Gott und das eigene Leben nachzudenken und daraus für sich selbst Konsequenzen zu ziehen.

Damit gelangt die Frage nach dem Sinn eines uns widerfahrenen Leids in die Nähe dessen, was die Bibel »Umkehr«, »Sinnesänderung« nennt. Jede Besinnung, ob auf sich selbst oder auf die Welt, führt, wenn sie ernst und ehrlich gemeint ist, zu einer »Umbesinnung« – sie schließt eine Wandlung der Person ein. Und so gibt es auch auf die Frage nach dem Sinn eines Leids keine Antwort ohne eine Sinnesänderung. Wer nur so weitermacht wie bisher, hat den ihm eröffneten Sinn ausgeschlagen, ja er hat die Frage nach dem Sinn gar nicht ernsthaft gestellt. Er hat den Brief, den die Wirklichkeit ihm schrieb, ungeöffnet liegen lassen.

Die erste Konsequenz einer Sinnesänderung wird, wenn es um die Frage nach dem Sinn des Leids geht, in jedem Fall das Eingeständnis unserer Mitschuld am Leid der Welt sein müssen. Ein großer Teil der Leiden, vielleicht sogar der größte, um derentwillen wir Gott anzuklagen pflegen, ist von uns selbst verursacht. Darum: Wenn Christen und Nichtchristen heute behaupten, daß man »nach Auschwitz« nicht mehr von Gott reden, geschweige denn ihn noch loben könne, so muß ich, ehe vom Walten Gottes oder gar von seiner Schuld die Rede ist, von mir bekennen: »Auschwitz – das hat meine Generation meines Volkes angerichtet.«

Zweiter Leitsatz: Wir müssen einsehen lernen, daß das Leid nicht nur, wie Goethe sagt, »ein Erdenrest, zu tragen peinlich« ist, sondern, wie die Bibel behauptet, einen Einschlag im Ganzen des Gewebes der Welt bildet.

Grob gerechnet, gibt es drei Stufen der Erkenntnis

im Verhältnis des Menschen zur Welt, die zugleich einen Prozeß der Reife und des Mündigwerdens widerspiegeln. Auf der ersten Stufe nimmt der Mensch die Welt so hin, wie sie ist. Ob sie ihm dabei als ein freundliches Geschick oder als ein dunkles Verhängnis erscheint, ob er sich dankbar oder zynisch zu ihr verhält, ob er sie als Beute an sich reißt oder in Verantwortung verwaltet – auf jeden Fall begegnet die Welt ihm als *Schicksal* und damit als etwas, »für das er nichts kann«.

Auf der nächsten Stufe erkennt der Mensch, daß die Welt weithin durch ihn so ist, wie sie ist. Die Welt begegnet ihm als sein eigenes Werk; er selber ist der Täter. Das bedeutet die Entdeckung der *Schuld* durch den Menschen. Mit ihr erreicht der Mensch eine Würde im Leiden, die ihn vor aller übrigen Kreatur auszeichnet. Aber auch diese Erkenntnis, so tief sie ist, reicht zum vollen Verständnis der Welt nicht aus. Aus der Schuld des Menschen allein läßt sich der böse Lauf der Welt nicht erklären. Es gibt nicht nur subjektive Schuld, sondern auch objektive Verhängnisse, nicht nur verschuldete, sondern auch unverschuldete Leiden, nicht nur Übeltaten, sondern auch Übel.

Das führt zur dritten Stufe der Welterkenntnis. Auf ihr erfährt der Mensch die Welt nicht nur entweder als Schicksal oder als Schuld, sondern als ein unauflösliches *Geflecht aus Schicksal und Schuld*. Und auch seine eigene Schuld geht ihm zugleich als Schicksal und Verhängnis auf, freilich als ein Schicksal und Verhängnis, an dem er handelnd teilnimmt, und darum immer auch als Schuld. Verhängnis und Schuld laufen wie in einem Ring ineinander. »Daß wir so schlimm drinstecken, das heißt Mensch sein.« (Theodor Fontane)

Dritter Leitsatz: Durch die Unfähigkeit zu leiden wird die Kraft zur vollen Wahrnehmung des eigenen Lebens in seiner ganzen Fülle geschwächt und gleichzeitig der Wille gelähmt, sich fremder Leiden anzunehmen.

Hinter dem Bestreben, das Leidensproblem nur praktisch-pragmatisch anzugehen und also – Sinn hin, Sinn her – so viel Leid wie irgend möglich aus der Welt zu schaffen und sonst nichts, wittere ich das Ideal eines möglichst leid- und schmerzfreien Lebens: Leid gilt als Panne, als eine Art Verkehrsunfall oder Betriebsstörung, die man möglichst rasch zu beheben suchen muß. Daß es auch unverschuldetes und unheilbares Leid gibt, vielleicht sogar noch mehr als verschuldetes und aufhebbares, wird dabei fast ganz übersehen und die Frage nach dem Sinn des Leids kaum noch gestellt. Das Leid wird nur kausal, aber nicht final betrachtet, nur auf seine Ursachen, nicht auf seinen möglichen Gewinn hin.

Leid kann jedoch erfahrungsgemäß auch eine produktive Kraft sein, und umgekehrt kann völliger Leidensunwille jede lebendige Leidenschaft töten. Wer nicht leiden kann, kann auch nicht wahrhaft lieben, und wer nicht weinen kann, kann auch nicht herzlich lachen. Dies wird in unserer immer noch vornehmlich auf Aktion, Erfolg und Wohlfahrt gerichteten Welt jedoch als eine vergangene, heutigen Menschen kaum noch zumutbare Denk- und Lebensweise empfunden. Wir sind nicht nur unfähig zu trauern, wir sind auch unfähig zu leiden, und wir erziehen unsere Kinder zu beidem.

Die reinen Pragmatiker übersehen die Erfahrung, daß die Propagierung des größtmöglichen Glücks der größtmöglichen Zahl am allerwenigsten jene Gesinnung erzeugt, die Menschen bereit macht, sich an der Leidensbekämpfung in der Welt zu beteiligen. Immer wird dann der Leidende fragen: Warum habe ich an dem Glück nicht teil? – und jeder wird so viel Glück wie nur irgend möglich für sich zu ergattern trachten.

Hier gibt es eine bemerkenswerte Entsprechung im Kräftehaushalt der Gesellschaft: Am ehesten scheinen mir immer noch diejenigen bereit zu sein, dem Leid in der Welt Widerstand zu leisten, die in ihrem eigenen Leben Leid erfahren haben und ihm nicht ausgewichen sind, die ihm vielmehr einen Sinn zu geben versuchen, nicht durch passive Hinnahme, sondern auch aktive Teilnahme, und die deshalb ihr Leben mitsamt seinem Leid bejahen.

Vierter Leitsatz: Zur Verborgenheit Gottes gehört es, daß durch den Glauben nicht irgendein Detail der Weltgeschichte erklärt wird, sondern jedes für sich und alles zusammen absurd erscheint, daß aber der Glaube dennoch, wider allen Augenschein, selbst angesichts eines dunklen Widerfahrnisses sein Vertrauen behält.

Ein junger Jude hat an die Mauer des Warschauer Gettos die Worte geschrieben: »Ich glaube an die Sonne, auch wenn sie nicht scheint. Ich glaube an die

Liebe, auch wenn ich sie nicht spüre. Ich glaube an Gott, auch wenn ich ihn nicht sehe.« Darüber kommt niemand angesichts des Leids der Welt hinaus – ich wäre froh, wenn ich überhaupt bis dahin gelangte.

Der Glaube an Gott hat Gewißheit, aber er verfügt über keinerlei historisches oder kosmisches Wissen. Er versteht das Leid in der Welt, seine Ursache und seinen Sinn nicht, aber er besteht es. Er sagt »Ach, ja« dazu, und, wenn's hoch kommt, spricht er »Amen«.

Es verhält sich mit der Frage nach dem Leid in der Welt genau umgekehrt wie bei Prüfungen sonst: Wer die Frage *nicht* beantwortet, hat die Prüfung bestanden. Das heißt nicht, daß wir solche Fragen einfach unbeantwortet lassen sollen. Im Gegenteil, wir sollen uns unablässig um eine Antwort auf sie bemühen. Aber es muß ein unablässiges Bemühen bleiben. Sobald wir dieses Bemühen einstellen und jene Fragen nicht mehr stellen, weil wir sie entweder für endlich beantwortet oder für endgültig unbeantwortbar halten, haben wir sie beantwortet und damit die Prüfung nicht bestanden. Gerade weil derlei Fragen weder beantwortbar sind noch unbeantwortet bleiben dürfen, üben sie die Funktion eines Stachels und treiben uns tiefer ins Nachdenken hinein.

Wenn es um Erfahrungen mit Gott im Leid geht, dann haben die Leidenden das Sagen, und im Leiden sind die Juden den Christen überlegen. Weil die Christen glauben, daß mit Jesus Christus der Messias schon gekommen sei, stehen sie in der Versuchung, auch über den Sinn der Leiden in der Welt schon allzu gut Bescheid zu wissen. Wir vergessen darüber, daß man

Hiob im Sinn behalten muß, wenn man Jesus aus Nazareth verstehen will, und daß selbst der Auferstandene noch die Wundmale des Gekreuzigten trägt.

Der endzeitlich-messianische Sinnoptimismus droht selbst unserem Reden von der Verborgenheit Gottes noch einen triumphalen Klang zu geben. In der Kanzelrede eines christlichen Theologen lese ich über Gottes verborgenes Walten in der Weltgeschichte: »Pharao, Nebukadnezar und Mao Tse-tung sind nur Geißeln und Zuchtruten des Gerichts, die er in seiner Hand schwingt. Und auch für die Apokalyptischen Reiter gibt er das Startsignal... Darum ist Gott selbst es, der die Gipfelkonferenzen platzen oder auch gelingen läßt. Und er allein würde es sein, der es zuließe, wenn Sintfluten oder auch nukleare Sintbrände über uns kämen... Der Schlaganfall Stalins, die Rassenkämpfe und ideologischen Auseinandersetzungen geschehen auf seinen Wink, und selbst die Erdbeben in Chile und die Zukkungen der Natur sind ebenso wie Feuer, Flammen und Winde seine Diener, in denen er in Gerichten und Schocks, in Heimsuchungen und Signalen seiner Majestät den Erdkreis aufhorchen läßt... Und wenn das Weltengrab am Ende alles verschlungen hat, geht er gebietend über das Gräberfeld.«

Wer so triumphal über Gottes verborgenes Walten redet, für den ist es im Ernst gar nicht mehr verborgen; er weiß darüber so gut Bescheid, als würde er nicht wie der Psalmist von Gottes Rat geleitet, sondern säße mit ihm zusammen im himmlischen Rathaus.

Wie ganz anders klingt dagegen die folgende jüdische Erzählung: In Wilna haben sich gelehrte Rabbinen versammelt, um über Gott zu Gericht zu sitzen – wie er den Holocaust habe zulassen können. Sie debattieren die ganze Nacht hindurch. Schließlich, gegen Morgen, gelangen sie zu dem Urteil, daß Gott am Leid der Juden schuldig sei – und sie verurteilen ihn. Da schaut einer von ihnen zum Fenster hinaus und sagt: »Die Sonne geht auf – es ist Zeit zum Gebet.«

In dieser jüdischen Erzählung finde ich mich als Christ wieder, in jener christlichen Kanzelrede nicht. Der offenbare Gott hilft mir, den verborgenen zu erleiden, aber er läßt mich nicht mit ihm triumphieren.

Fünfter Leitsatz: Erst im »Rückblick« erkennen wir Gottes Spuren auch auf unseren Leidenswegen.

Was christlicher Glaube sich in dieser Hinsicht zumuten darf, wo hier die Möglichkeiten und Grenzen theologischer »Spurensicherung« liegen, das finde ich bildhaft in einer Szene der alttestamentlichen Mose-Geschichte ausgedrückt.

Mose hat das Volk Israel aus der Knechtschaft in Ägypten herausgeführt und es, durch alle Fährnisse hindurch, bis an den Gottesberg, den Sinai, gebracht. Dort hat die große Gottesoffenbarung, die Gesetzgebung und der Bundesschluß, stattgefunden. Nun soll es weitergehen, in das verheißene Land; der Befehl zum Aufbruch ist erteilt. Da möchte Mose von Gott eine Art Sicherheitsgarantie, und Gott sagt Mose diese auch zu. Aber die gewohnte göttliche Zusage seiner Gegenwart und seines Geleits genügt Mose nicht. Er überbietet sie mit dem Wunsch: »Laß mich deine Herrlichkeit sehen!«

Mose möchte mehr als die ihm angebotene altbekannte Gewißheit. Er drängt auf Eindeutigkeit, auf eine sichtbare Bestätigung. Er möchte wenigstens ein einziges Mal aus aller Zweideutigkeit heraus und eindeutig sehen, wessen er sich zu versehen hat, und unzweideutig wissen, wessen er gewiß sein darf. Ich kann diesen Wunsch des Mose nach handgreiflicher Sichtbarkeit nur allzu gut verstehen – es ist der Herzenswunsch aller Theologen!

Aber Gott versagt Mose die Erfüllung seines Wunsches, richtiger, er erfüllt ihn nur zur Hälfte: Mose darf nur Gottes Rückseite sehen, nicht seine Vorderseite. Gott stellt ihn in eine Felskluft und hält, während er an ihm vorübergeht, seine Hand über ihm, so daß er ihn nicht sehen kann. Erst nachdem er vorübergezogen ist, nimmt Gott seine Hand weg, und nun darf Mose ihm nachblicken. Dieses Bild des Mose, der in der Felsspalte steht und Gott nachblickt, ist für mich ein Vorbild für alle Gotteserfahrung und Sinnfindung des Menschen im Leid. Es zeigt die Möglichkeiten und Grenzen theologischer Spurensicherung: Wohl kann der Mensch im Geschick des einzelnen und im Lauf der Welt als ganzer Spuren von Gott entdecken, aber immer nur im nachhinein, hinterher. Erst *danach* sieht man, wer *dahinter* ist! Wir erkennen Gott nur »a tergo«, von hinten, im Rückspiegel – und auch das meist nur punktuell, ab und an oder im großen und ganzen, in der Gesamtrichtung, nicht in den einzelnen Zügen.

Wenn ich mich zu meiner eigenen Vergangenheit umwende, dann entziffern sich mir hier und da einige

Punkte meines Lebens als Schnittpunkte zwischen einer sichtbaren Horizontale und einer verborgenen Vertikale, und meine Klage über die Verborgenheit Gottes verwandelt sich in Dank für seine Gnade.

Sechster Leitsatz: Daß Gott bei den Menschen im Leiden steht, verwirklicht sich konkret darin, daß Menschen Mitmenschen in ihren Leiden beistehen.

Das gläubige Nachdenken über das Leid in der Welt geht von selbst in das Handeln der Gläubigen an den Leidenden über – wenigstens sollte es dies tun. Gottes Sympathie mit den Leidenden verwandelt Menschen in seine Sympathisanten.

Darum vernehme ich an der Stelle, wo sich mir die Allmacht und die Liebe Gottes, seine Gerechtigkeit und seine Güte nicht zu einem logischen, auch nicht zu einem theo-logischen Ganzen fügen wollen, als verbindliche Antwort auf die Frage nach dem Leid in der Welt die Worte aus der Weltgerichtsrede Jesu: »Ich bin hungrig gewesen, und ihr habt mich gespeist. Ich bin durstig gewesen, und ihr habt mich getränkt. Ich bin ein Fremdling gewesen, und ihr habt mich beherbergt. Ich bin nackt gewesen, und ihr habt mich bekleidet. Ich bin krank gewesen, und ihr habt mich besucht. Ich bin gefangen gewesen, und ihr seid zu mir gekommen. Wahrlich, ich sage euch: Was ihr getan habt einem unter meinen geringsten Brüdern, das habt ihr mir getan.« (Matthäus 25,35 ff.)

Angesichts des vielfachen Leids in der Welt muß die Christenheit ein »Vortrupp des Lebens« sein im Kampf gegen alles, was Menschen auf Erden Leid zu bereiten und Tod zu bringen droht. Weil Gott in jedem Fall ein »Liebhaber des Lebens« ist, haben wir unseren Mitmenschen zum Leben zu verhelfen. Hilfe zum Leben heißt heute, konkret entfaltet:

- daß alle gewalttätigen Eingriffe in das Leben wie Krieg, Hunger, Folter, Hinrichtung und Mord gesetzlich ausgeschlossen und politisch abgewendet werden;
- daß Versöhnung nicht nur zwischen einzelnen Menschen, sondern auch zwischen Völkern möglich ist;
- daß auch in der Politik auf die Dauer Vertrauen besser ist als Kontrolle;
- daß es Gewaltverzicht nicht ohne Rechtsverzichte gibt und daß der Begriff »Verzichtspolitiker« aus einem Schimpfwort zu einem Ehrennamen wird;
- daß Arbeitsverhältnisse geschaffen werden, in denen die Menschen nicht ausgebeutet und ihre biologischen Kräfte nicht vorzeitig aufgezehrt werden;
- daß die vorhandene Arbeit sinnvoll und gerecht verteilt und rechtzeitig beendet wird, damit niemand ohne Arbeit bleibt;
- daß es dringender ist, die Randgruppen der Gesellschaft – die Behinderten, die Obdachlosen, die Alkoholiker, die Homosexuellen und die Drogensüchtigen – in die Gesellschaft einzugliedern als Volksgruppen heim ins Reich oder Gestein vom Mond auf die Erde zu holen;
- daß alle Menschen ohne Ansehen der Person die bestmögliche ärztliche Versorgung erhalten;
- daß die Reform des Strafvollzugs sich aus einem Stief- in ein Schoßkind der Gesellschaft verwandelt;

– daß auch über dem angeblich »lebensunwerten« Leben als Verheißung das Wort der Bibel steht: »Gott schuf den Menschen zu seinem Bilde«;
– daß Lebensmüde durch eine rechtzeitige Betreuung vor dem Selbstmord bewahrt bleiben;
– daß die Menschen die Natur nicht sinnlos ausbeuten, sondern verantwortlich verwalten und die übrige Kreatur nicht despotisch unterwerfen, sondern mit ihr solidarisch leben und leiden, wie diese es schon immer getan hat, damit auf diese Weise die »Mitmenschlichkeit« sich zur »Mitgeschöpflichkeit« ausweitet;
– daß die Alten nicht aus der Gesellschaft verbannt und in Altersheimen isoliert werden, ähnlich der einstmals geübten Tötung durch Aussetzung;
– daß die Menschen schließlich Sterbehilfe erhalten, damit sie würdig sterben können, nicht in einsamer Qual sich selbst überlassen, sondern umgeben und geleitet von Menschen, so gut und so lange Menschen Mitmenschen auf dem Weg in die »totale Verhältnislosigkeit« ein Geleit geben können.

Christlicher Glaube – so sagen Christen gern – heiße, Berge versetzen und das Unmögliche für möglich halten. Das ist eine jener Übertreibungen, vor denen ich mich fürchte, weil ich sie so wenig durch Realität gedeckt sehe. Es wäre schon viel, wenn die Christen im Glauben an das ewige Leben das hiesige Leben auf Erden nicht länger mehr für unverbesserlich, sondern fortan für verbesserlich hielten, und darum zwar nicht Berge versetzten, aber wenigstens einige Hügel abtrügen, und so nicht das Unmögliche möglich, wohl aber das Mögliche nicht länger mehr unmöglich machten. Die christlich-sympathische Antwort auf die Frage nach dem Leid in der Welt läßt sich insgesamt in den beiden Bonhoefferschen Begriffen *»Widerstand und Ergebung«* zusammenfassen. »Widerstand« heißt, daß wir so viel aufhebbares Leid wie nur irgend möglich aus der Welt schaffen sollen, zumal wenn es sich um das Leid anderer handelt. »Ergebung« heißt, daß wir das eigene unaufhebbare Leid annehmen und es so verarbeiten sollen, daß es uns befähigt, das Leid anderer mitzutragen.

»Widerstand und Ergebung« bedeutet die Verbindung von Praxis und Pietas, die gegenseitige Integration von Sinnfrage und Handeln. Dabei müssen wir uns freilich bewußt bleiben, daß es menschliche Leiden gibt, die weder aufzuheben noch anzunehmen sind, sondern die wir unbeseitigt und ungelöst stehenlassen müssen als einen dunklen und scheinbar sinnlosen Bestandteil unseres menschlichen Daseins. Darum sollte es in den christlichen Gottesdiensten, wie es in ihnen seit je eine »Fürbitte« gibt, künftig auch eine »Fürklage« geben.

Aber soll das Leid in der Welt endlos weitergehen? Soll der Riß, der sich durch alles Sein zieht, niemals geheilt werden? Und wenn der Riß einmal geheilt wird, soll es dann ohne jeden Ausgleich geschehen? Soll alles, so oder so, »umsonst« gewesen sein; umsonst, das heißt, vergeblich alle Leiden, und umsonst, das heißt, unvergolten alle Frevel – umsonst das Weinen der Unterdrückten und umsonst das Hohnlachen der Unterdrücker, umsonst die Pein der Gequälten und umsonst die Lust ihrer Peiniger, umsonst das Geschrei der Gefolterten im Keller und umsonst das Gelächter der Machthaber im Salon darüber? Nicht Rachsucht ist es, die so fragen läßt, auch nicht das neidische Verlangen nach der Gleichheit aller, sondern der Durst nach Gerechtigkeit und der Hunger nach Sinn, das Mitleid mit den Leidenden und die »Fürklage« für die Toten – es ist die Sehnsucht Max Horkheimers, daß der Mörder nicht über das unschuldige Opfer triumphieren möge.

Siebenter Leitsatz: Die endgültige Erlösung von allem Leid steht nicht in unserer Macht, sondern allein in Gottes Hand – und bei dem Gott, den Jesus aus Nazareth seinen »Vater« nennt, überwiegt der Wille, zu retten, weit den, zu strafen.

Die Bedrängnis durch das Leid und Unrecht in der Gegenwart ist es, die in der Zukunft, auf das Ende der Geschichte ausblicken und dieses Ende als Vollendung erwarten läßt. Gleich in welcher Form, ob religiös als Hoffnung auf das Reich Gottes im Diesseits oder Jenseits oder ob säkular als Idee der Evolution der menschlichen Gesellschaft oder gar des ganzen Kosmos zur Vollkommenheit – jedesmal liegt dasselbe Denkschema zugrunde: Die Geschichte der Menschheit, ja des Kosmos bewegt sich auf eine letzte Vollendung zu, und nichts, was auf dem Weg zu diesem Ziel geschieht, ist »umsonst«; alles ist »notwendig«, sei es nach Gottes Willen oder gemäß dem Gesetz der Natur und Geschichte. Die Tränen derer, die jetzt leiden, sind Tropfen in einem Strom, der »letzten Endes« in ein Meer irdischer oder himmlischer Glückseligkeit mündet.

Ob Christ oder Marxist, ob Idealist oder Atheist – jeder spricht, ein jeglicher in seiner Weise, das Wort des Apostels Paulus nach: »Ich halte dafür, daß dieser Zeit Leiden nicht wert sei der Herrlichkeit, die an uns offenbart werden soll.« (Römer 8,18) So suchen alle durch die Aussicht auf einen vollkommenen Endzustand den gegenwärtigen Weltzustand zu bestehen und ihn eines »guten Tages« endgültig zu überwinden.

Ich muß gestehen, daß es mir zeit meines Lebens schwergefallen ist, in die optimistische Zukunftsstimmung des Evolutionsgedankens einzustimmen. Hier habe ich meine Bedenken ebenso gegen Hegel wie gegen Marx oder gegen Teilhard de Chardin. Kann man die geschichtliche Notwendigkeit von so viel Leid in der Welt wirklich mit der Aussicht auf einen besseren Zwischenzustand oder meinetwegen auch auf einen vollkommenen Endzustand begründen und also rechtfertigen? War es wirklich notwendig, daß 60 Millionen Menschen elend umkamen, nur damit die Deutschen endlich mehr Demokratie lernten? Das meiste, von dem man behauptet, es sei nur mit Hilfe von Leiden zu erkaufen gewesen, hätte mindestens auch mit weit weniger Leiden erreicht werden können. Wie mir keine gegenwärtige Schuld groß genug erscheint, um die Summe der menschlichen Leiden zu rechtfertigen, so auch kein zukünftiges Glück.

Ich fühle gegenüber aller Eschatologie einen ungeschlichteten Zwiespalt in mir. Einerseits empfinde ich den gegenwärtigen Zustand der Welt als so gebrechlich und ihre Probleme als so komplex und kompliziert, daß mir alle religiösen Zukunftsvisionen und politischen Utopien, zumal wenn sie sich mischen, zutiefst verdächtig sind. Da halte ich es lieber mit Dag Hammarskjöld, der einmal gesagt hat: »Wo unsere Vorgänger von einem neuen Himmel träumten, ist unsere größte Hoffnung, daß es uns erlaubt sein möge, die alte Erde zu retten.« Andererseits lockt mich von allen »endzeitlichen« Lösungen, die die christliche Theologie zu bieten hat, gerade die radikalste und umfassendste. Es ist der Glaube an die »Allversöhnung«, an die schließlich endgültige Heimholung aller Menschen und Dinge in Gott.

Nach kirchlicher Normallehre gilt dies als eine Irrlehre. Aber das Überwältigtsein von der Liebe Gottes hat Christen immer wieder in diese Ketzerei getrieben. Nicht ihr Mangel, sondern sozusagen ihr Überschuß an Glauben hat sie aus der Bahn der Rechtgläubigkeit geworfen und das kirchlich nicht mehr Erlaubte denken lassen. Sie waren von der Universalität der Gnade Gottes so durchdrungen, daß sie an ihren endgültigen Triumph in der Geschichte und deshalb an die Rettung aller Menschen glaubten.

Von Anfang an, das heißt, von Ewigkeit her ist Gott auf die Rettung *aller* Menschen bedacht: »Gott will, daß *allen* Menschen geholfen werde und sie zur Erkenntnis der Wahrheit gelangen.« (1. Timotheus 2,4) – das ist der Cantus firmus, der sich durch die ganze Geschichte der Menschheit zieht. Gott ist auf das Ganze aus – das gibt seiner Liebe von vornherein einen Zug ins Universale und eben damit eine verborgene Tendenz zur Allversöhnung. Die Offenbarung der Liebe Gottes hat einen solchen Schwung, daß ihre Bewegung erst zur Ruhe kommt, wenn sie alles erfaßt hat und die ganze Schöpfung umschließt.

Gewiß ist im Neuen Testament ausdrücklich und überwiegend vom »letzten Gericht« am Ende der Weltgeschichte die Rede. Aber wenn der Weltenrichter Jesus aus Nazareth heißt, dann läßt das Gnade erhoffen, wie einst für den Zöllner, für den verlorenen Sohn, für die große Sünderin, wie überhaupt für alle, mit denen Jesus unterschiedslos zu Tisch gesessen ist – Wiederholung und Bestätigung der grenzenlosen Offenheit, mit der er zu seinen Lebzeiten allen Menschen begegnet ist: »Kommt her zu mir *alle*, die ihr mühselig und beladen seid... Wer zu mir kommt, den werde ich nicht hinausstoßen.«

Darum sollten die Christen auch an der Hölle nur ein einziges Interesse haben: daß sie sich eines guten Tages als eine menschliche Vorstellung oder aber als leer erweist – als ob wir uns hier auf Erden nicht schon gegenseitig genug Höllen bereiteten!

Aber wie es mir um der Liebe Gottes willen schwerfällt, an ein letztes Gericht zu glauben, ebenso wird es mir um der Liebe Gottes willen schwer, es nicht zu tun. Ich habe dabei die Geopferten vor Augen – die Entrechteten, Verfolgten, Gedemütigten, Vergasten, Gefolterten, Verbrannten, Gefallenen, Verhungerten, Geschlagenen –, und ich frage mich, ob das jenen Millionen, ja nun schon Milliarden Menschen zugefügte Unrecht und Leid einfach mit dem Mantel der Liebe zugedeckt werden könne, ob selbst Gott dies tun dürfe. Dies würde bedeuten, daß die Weltgeschichte eine Geschichte der Sieger wäre – und wo bleiben die Besiegten, unter ihnen der Gekreuzigte von Golgatha?

Die Antwort des christlichen Glaubens auf Max Horkheimers Sehnsucht, daß der Mörder nicht über das unschuldige Opfer triumphieren möge, ist die Hoffnung auf einen neuen Himmel und eine neue Erde, in denen Gerechtigkeit wohnt (2. Petrus 3,13). Das biblische Bild vom neuen Himmel und der neuen Erde ist das positive Gegensymbol zum negativen Symbol der gefallenen Schöpfung. Der Riß, der durch alles Sein geht, soll geheilt und so die Schöpfung vollendet werden, wie die Offenbarung Johannes es in immer neuen Bildern beschreibt: »Ich sah einen neuen Himmel und eine neue Erde ... Ich sah die heilige Stadt, das neue Jerusalem, von Gott aus dem Himmel herabfahren ... Siehe da, die Hütte Gottes bei den Menschen ... Und Gott wird abwischen alle Tränen von ihren Augen, und der Tod wird nicht mehr sein, noch Leid noch Geschrei noch Schmerz wird mehr sein; denn das Erste ist vergangen.« (Offenbarung 21,1 ff.)

»Dann werd' ich das im Licht erkennen,
Was ich auf Erden dunkel sah,
Das wunderbar und herrlich nennen,
Was unerforschlich hier geschah,
Dann schaut mein Geist mit Lob und Dank
Die Schickung im Zusammenhang.«

(Christian Fürchtegott Gellert)

Ich räume noch einmal ein, daß die christlich-sympathische Antwort auf die Frage nach dem Leid der Menschen in der Welt Lücken aufweist. Sie bietet zwar eine Antwort an, aber sie liefert keine Lösung – und die Antwort will erprobt sein! Darum möchte ich zum Schluß, statt nach Art der Schriftgelehrten eine Zusammenfassung zu geben, in der Weise der Schriftsteller eine Geschichte erzählen:

Festianus, keiner von den großen Märtyrern, sondern einer von den kleinen, unbekannten, befindet sich im Himmel. Aber er fühlt sich dort nicht glücklich, weil er zu viele von denen vermißt, die er auf Erden gekannt oder auch nicht gekannt hat: seine Eltern Faustinus und Faustina, den Schankwirt Salpicius, die Kellnerin Octavia, und wenn nicht die Kellnerin Octavia, dann Saufeja, und wenn nicht Saufeja, dann Titus, und wenn nicht Titus, dann alle die, die er nie gesehen hat. Er spricht mit Laurentius, einem der großen und berühmten Heiligen, über seine Einsamkeit und Unruhe. Doch Laurentius versteht ihn nicht, denn er ist sehr genau und schaut auf die Einzelheiten, er zweifelt nicht an der Richtigkeit der Maße und Gewichte. Da macht Festianus sich auf den Weg durchs Tor, durchs Dornengestrüpp, über die breite Straße hinab in die Hölle. Dort trifft er alle die, die er im Himmel vermißt: Faustinus und Faustina, Salpicius, Octavia, Saufeja, Titus und alle die vielen anderen, die er nicht kennt – und er sieht, wie sie leiden. Laurentius geht ihm nach, und sie sprechen miteinander von den Freuden des Himmels im Angesicht der Leidenden in der Hölle. Da sagt Festianus mit einem Mal zu Laurentius: »Nun geh. Geh zurück in die Herrlichkeit, die keiner Liebe bedarf! Ich weiß nicht, woran es liegt, aber mir kommen die Kranken und Armen, alle Leidenden nicht aus dem Sinn.« Und so bleibt Festianus bei denen, die in der Hölle sind, weil sie der Liebe bedürfen.

Und was hat er dort getan? Ich denke, er hat ihnen von Gott erzählt, und darüber ist ihnen die Hölle zum Himmel geworden. Seitdem Jesus aus Nazareth in die Welt gekommen ist, ist Gott nicht mehr dort, wo über der Erde der Himmel ist, sondern ist Himmel fortan überall dort, wo Gott ist.

Hans Küng

CREDO
Das Apostolische Glaubensbekenntnis – Zeitgenossen erklärt.
256 Seiten. SP 2024

Christ sein
676 Seiten. SP 1736

Denkwege
Ein Lesebuch. Herausgegeben von Karl J. Kuschel. 313 Seiten.
SP 1670

Ewiges Leben?
327 Seiten. SP 364

»Küng stellt dar, wie auch ein ›Kind unserer Zeit‹ sich durchaus vernünftig für den Glauben an das ewige Leben entscheiden kann; er führt zur Einsicht, daß es dabei um etwas geht, was einen, hat man erst die Schalen seiner Vorurteile durchbrochen, in jedem Fall nicht mehr gleichgültig läßt.«
Frankfurter Allgemeine Zeitung

Existiert Gott?
Antwort auf die Gottesfrage der Neuzeit. 878 Seiten. SP 2144

Freud und die Zukunft der Religion
160 Seiten. SP 709

Große christliche Denker
287 Seiten. SP 2283

In diesem Buch verbinden sich Zeitgeschichte, Biographie. Werkgeschichte, Darstellung der Theologie und ihre Kritik auf eine Weise, wie das nur Hans Küng vermag.

Das Judentum
Die religiöse Situation der Zeit.
896 Seiten. SP 2827

Die Kirche
605 Seiten. SP 161

Menschwerdung Gottes
Eine Einführung in Hegels theologisches Denken als Prolegomena zu einer künftigen Christologie. Mit einem Vorwort zur Taschenbuchausgabe.
704 Seiten. SP 1049

Mozart
Spuren der Transzendenz.
84 Seiten. SP 1498

Rechtfertigung
Die Lehre Karl Barths und eine katholische Besinnung. Geleitbrief von Karl Barth. 393 Seiten. SP 674

Strukturen der Kirche
Mit einem Vorwort zur Taschenbuchausgabe und einem Epilog. 369 Seiten. SP 762

Theologie im Aufbruch
Eine ökumenische Grundlegung.
320 Seiten. SP 1312

Hans Küng

Projekt Weltethos
192 Seiten. SP 1659

Kein Überleben ohne Weltethos. Kein Weltfriede ohne Religionsfriede. Kein Religionsfriede ohne Religionsdialog. Diese drei Sätze kennzeichnen den programmatischen Ansatz des Tübinger Theologen.

24 Thesen zur Gottesfrage
134 Seiten. SP 171

20 Thesen zum Christsein
75 Seiten. SP 100

Hans Küng / Heinz Bechert
Christentum und Weltreligionen – Buddhismus
Hinführung zum Dialog mit Islam, Hinduismus und Buddhismus. 234 Seiten. SP 2130

Hans Küng / Julia Ching
Christentum und Weltreligionen – Chinesische Religion
320 Seiten. SP 2738

Hans Küng / Josef van Ess
Christentum und Weltreligionen – Islam
204 Seiten. SP 1908

Hans Küng / Heinrich von Stietencron
Christentum und Weltreligionen – Hinduismus
234 Seiten. SP 2055

Walter Jens / Hans Küng
Dichtung und Religion
Pascal, Gryphius, Lessing, Hölderlin, Novalis, Kierkegaard, Dostojewski, Kafka. 338 Seiten. SP 901

Walter Jens / Hans Küng
Menschenwürdig sterben
Ein Plädoyer für Selbstverantwortung. Mit Beiträgen von Dietrich Niethammer und Albin Eser. 220 Seiten. SP 2329

Der Mensch ist das einzige Lebewesen, daß sich bewußt ist, daß es sterben muß. Doch die meisten Menschen verdrängen dieses Wissen, jedenfalls die meiste Zeit ihres Lebens. Dem setzt Hans Küng seine These entgegen: das Sterben und der Tod gehören zum Leben, sind seine letzte Phase. Zu einem menschenwürdigen Leben gehört auch ein menschenwürdiger Tod. Gerade für einen Theologen stellt sich hier aber die Frage nach dem »eigenen Tod«: Darf der Mensch bestimmen, wie und wann er stirbt?

SERIE PIPER

Heinz Zahrnt

Das Leben Gottes

Aus einer unendlichen Geschichte. 282 Seiten. SP 2953

Hat Gott eine Biographie? Ja, sagt Heinz Zahrnt. Die Bibel ist für ihn eine Abfolge von Bildern, in denen sich die Entwicklung des Gottesbildes der Menschen spiegelt, sich Gott also stetig wandelt. Der Gott, der Israel aus Ägypten herausführt, ist ein anderer als Hiobs Gott oder der Gott des Neuen Testaments. Und doch ergibt sich der eine unwandelbare Gott daraus.

Jesus aus Nazareth

Ein Leben. 320 Seiten. SP 1141

Leben, als ob es Gott gibt

Statt eines Katechismus. 256 Seiten. SP 1947

Zahrnt erklärt in diesem Buch die vier fundamentalen Dokumente des Christentums: Schöpfungsgeschichte, Zehn Gebote, Vaterunser, Bergpredigt. Damit gibt er allen Glaubenden wie Nicht-Glaubenden eine zeitgemäße Darstellung der christlichen Religion an die Hand.

Mutmaßungen über Gott

Die Summe meines Lebens. 272 Seiten. SP 2327

Der Mensch ist auf Mutmaßungen angewiesen, auf Bilder, die er sich von dem Unerkennbaren macht, und die er immer wieder korrigieren muß. Dieser Aufgabe hat sich Heinz Zahrnt, der große alte Mann der evangelischen Publizistik, unterzogen.

Die Sache mit Gott

Die protestantische Theologie im 20. Jahrhundert. 427 Seiten. SP 890

»Zahrnt hat mit diesem Buch sein Opus magnum geschrieben. Es wird Fachleute, Studenten und nachdenkliche Zeitgenossen mit Problemen heutiger Theologie und der Theologie überhaupt vertraut machen können wie kein anderes Werk unserer Generation.«
Helmut Thielicke

Wie kann Gott das zulassen?

Hiob – der Mensch im Leid. 128 Seiten. SP 453